衣食住すべてを
飲み込む
最新ビジネスモデル

サブスクリプション
SUBSCRIPTION 2.0

【顧客とつながり続ける〝売り方〟】
すべてわかる

Automobile
Residence
Furniture
Bag
Suit
Glasses
Watch
Vegetables
Beer
Coffee
Shampoo
Women's clothes
etc...

日経クロストレンド 編

日経 XTREND

日経BP

序章

サブスクリプション2・0　3つの新潮流

この5年、10年で、衣食住すべてのモノの売り方、買い方が一変する——。その原動力となるのが「サブスクリプション（サブスク）」モデルである。トヨタ自動車、パナソニック、キリンビールなどの業界大手が、先を急ぐように参入している。

サブスク化で業界地図が一変したのが、定額聴き放題・見放題の「Spotify」「Netflix」などがけん引する音楽・映像業界だ。日本の音楽サブスク市場規模は2018年に349億円（広告収入含む）で、5年前の11・3倍と急拡大が続く（日本レコード協会調べ）。好きな音楽・映像の作品を買うのではなく、いつでもどこでも好きな作品を楽しめることにお金を払うような消費スタイルに移行しつつある。

そもそもサブスクとは、新聞・雑誌などの「定期（予約）購読」を意味し、「製品やサービスなどの一定期間の利用に対して、代金を支払う方式」（三省堂『大辞林』より）である。

こうしたサブスクモデルは、決して新しい概念ではない。駐車場は月極で止め放題、携帯電話の通話も定額でかけ放題が浸透している。カタログ通販事業者なども「頒布会」と称して月額会費制で毎月季節の食材などを届けるサービスを長らく展開している。ＥＣ（電子商取引）サイトでも消耗品・日用品を都度購入するより割安な定期購入が浸透している。

ではなぜ今、サブスクが脚光を浴びるのか？　今までとは何が違うのか？　直近で起きているのは、モノ（有形商品）の販売手法としてサブスクモデルが登場していることだ。ポイントは３つある。

「メーカー参入」「シェア」「個別カスタマイズ」

１つ目は「メーカーの参入」。従来、サブスク型ビジネスを運営するのは小売り・サービス業が一般的だった。そこへメーカー本体が、自社商品をサブスク型で提供する動きが活発化している。例えば、トヨタは新車が月額料金で乗れるサービス「ＫＩＮＴＯ」を（詳細は１３６

ページ、以下同）、キリンビールは工場直送のビールを家庭用サーバーで楽しめる「ホームタップ」を（80ページ）提供し始めた。

2つ目は「シェア」の概念が入ってきたこと。日用品・消耗品の定期購入は当然売り切り型だが、クルマなどは〝使い回し〟が可能だ。まさに「所有から利用へ」という消費者ニーズ・価値観に即したサービスが登場している。

ライフステージやライフイベント、好みの変化に応じて、利用したい商品は異なるだろう。ラクサス・テクノロジーズ（広島市）は月額6800円（税別）で高級バッグを借り放題の「ラクサス」を提供し、顧客から高い支持を集めている（22ページ）。トラーナ（東京・中野）の「トイサブ！」は、子供の成長に合わせて知育玩具を定期的に配送、交換するサービスを提供する。

ちなみに、シェア型は顧客から見ると「交換可能」型とも言える。また、企業側は商品を必ずしも顧客間でシェアしているわけではない。個々の商品の品質管理コストを考慮し、レンタルから戻った商品は中古販売の在庫に充てる企業もある。

3つ目は「個別カスタマイズ化」だ。頒布会は「今月は○○産の桃をお届け」といった具合に会

サブスク2.0はメーカーの参入、シェアモデルの導入が特徴だ（本書で紹介する事例をマッピング）

員に一律同じ商品を送るのが一般的であるのに対し、近年登場しているサブスクは、利用者の趣味・嗜好に合ったものを個別に送る・選べるパーソナライズドサービスになってきている。月額制のファッションレンタルサービス「airCloset」では、利用者が好みの服装や色、利用シーンなどを登録しておくと、好みに合わせてスタイリストが選んだ3着が自宅に届く仕組みだ（66ページ）。

　通販企業などが展開してきた頒布会モデルや消耗品の定期購入を〝サブスク1・0〟とするなら、メーカーの参入、売り切りではなくシェア型、個別にカスタマイズして提供という特徴を持つ昨今の新サービスは、〝サブスク2・0〟と言えるだろう。

大手参入の背景に危機感

大手がこぞって参入する背景には危機感がある。

KINTOの社長に就任した小寺信也氏は、「石橋をたたいて渡るという、従来のトヨタのやり方では通用しなくなった。不透明な将来に向けて先手を打ちたかった」と語る。クルマの所有から利活用へという「ユーザーの変化」、ITT企業やリース会社がモビリティサービスを自ら提供するなど「競合の変化」、ビジネスモデルが限界を迎えた「トヨタの変化」――。これらを受け、多様化するクルマの利用形態に対応した新たなビジネスモデルの構築が急務と判断したという。

パナソニックは、厳選されたコーヒー豆が毎月自宅に届き、「世界一の焙煎《ばいせん》技術」で極上のコーヒーが飲めるというサービス「The Roast」でサブスク事業の立ち上げに挑んでいる(88ページ)。同プロジェクトの事業リーダーを務める井伊達哉氏は、「これまでのように、ハードウエアを作って売るだけではだめだという危機感があった。調理家電を進化させ、新しい食のサービスを提案したかった」と参入の意図を語る。

国内の人口減少で消費市場の単純な拡大は見込めない。新規の顧客を獲得し続けるより、既存顧客との関係を深めていくほうが得策だ。こうした社会状勢、事業環境の変化への危機感が根底にある。そこへスマートフォンが新たな顧客接点となり、メーカーも消費者と継続的につながるサブスク事業に参入しやすくなったわけだ。

安定収入にとどまらない事業メリット

企業にとってのメリットは大きい。安定的な収入はもちろん、顧客との関係が深まることで追加購入も見込める。

三光マーケティングフーズは、居酒屋「金の蔵」でスマートフォンアプリを活用した月額4000円（税別）の定額制飲み放題サービスを提供する（74ページ）。同社金の蔵ビジネスユニットマネージャーの福田啓佑氏は、「支払額が割り引かれる分、お客さまは料理やドリンクを追加注文する傾向がある。そのため定期券を導入しても客単価はこれまでと変わらないはず。アプリを使うお客さまの1回当たりの粗利はやや減るが、全体として来店頻度が上がり、売り上げが増えるので、店の粗利は増加する」と見る。

もう1つのメリットは、つながり続けることで顧客の利用実態が把握可能になり、商品改善などに役立てられることだ。

高級バッグ借り放題のラクサスには、既に借りられているバッグの入荷を通知する機能がある。ラクサス・テクノロジーズ社長の児玉昇司氏は、「より多くの人が通知を希望するバッグは、それだけニーズが高いということ。このデータを活用することで効率的な商品調達を実現している」と説明する。

米国では撤退も進む

しかし、米国では既にサブスク市場の一部に頭打ち感が出ている。17年に上場したミールキット（食材セット）定期購入の米ブルーエプロン（Blue Apron）は、既に創業社長が退任し、株価も低迷している。ミールキットは参入障壁が低いだけでなく、顧客にとってもスイッチングコストが低い。そのため、継続率が高くなりにくい。その市場にブルーエプロンの成功を見た競合の参入が相次ぎ、競争が一気に激化した。

米サンフランシスコ在住で、米国スタートアップ文化やファッション、アート、消費トレンドなどに詳しいコンサルタントの江原理恵氏はこう指摘する。

「消費者がサブスクサービスに使える費用にも限りがある。ターゲット層である富裕層はさまざまなサービスを定期購入している。音楽配信のSpotify、映像配信のNetflixや『Amazon プライム』などと複数のサービスを使うため、毎月固定で支払う額がどんどん増えているのが現状だ。さまざまな業界にサブスクサービスが誕生し、今や業界を超えたサブスク市場全体で、消費者の予算の獲得競争が起きている」

国内では、AOKIがサブスク型スーツレンタルサービス「suitsbox」を終了している（194ページ）。参入すれば儲かる簡単な事業モデルではない。

マーケティングは180度転換

サブスクサービスは本書で紹介するように、「衣」「食」「住」「(移)動」「楽（しむ）」といったさまざまな分野に広がっているが、確実な成功法則はまだ見えていない。明確なのは、サブスク時代はモノの作り方、売り方をすべて変える必要があるということ。

「新規顧客を獲得できれば『継続的な収益』を既に顧客から約束してもらっているので、マーケティングは『再度売る』から『退会しないように顧客を維持する』へと、方向が180度転換する」と指摘するのは、CustomerPerspective代表取締役の鈴川謙氏だ（209ページ）。鈴川氏は18年に独立する以前は約10年間にわたりアマゾンジャパンに所属し、Amazonプライムの責任者などを務めてきた。

シェアリングエコノミーの台頭によって、「所有」から「使用」へと消費トレンドが移り変わっていると言われる。だがサービス設計や、提供すべき価値を見誤っては、顧客に選ばれるサブスク事業は作れない。所有を超える価値提供が成功の鍵を握る。

本書で紹介するケーススタディは、マーケティングと消費分野のデジタルメディア「日経クロストレンド」で紹介してきたもの。編集部が考える、サブスク2・0で提供すべき価値は3つ。「新しい消費体験」「圧倒的な利便性」「コスト優位性」だ。

ブランドバッグ借り放題のラクサスは、月額6800円で3万点を超える高級バッグを借り放題というコスト優位性が受けて、会員の継続率95％という驚異的な数値をたたき出している。

コスト優位性は価格だけで決定されるわけではない。「従来の購買より、トータルコストが得でないといけない。トータルコストは金銭的な価値だけでなく、モノを置くスペースや手間もコストとして考えるべきだ」と、消費財や嗜好品ブランド業界へのコンサルティング経験が長いＥＹ Ｊａｐａｎ（東京・千代田）パートナーの小林暢子氏は指摘する。契約の手間や、購入後の管理などが不要になることも含めて価値になる。

高額時計を気軽に借りられる「コスト優位性」で利用者を獲得するクローバーラボ（大阪市）の「ＫＡＲＩＴＯＫＥ」（46ページ）。そして、ストライプインターナショナル（岡山市）の洋服レンタル「メチャカリ」はサービス開始後に、コスト優位性よりも職に合わせた洋服選びの簡易化に便益を感じていることが分かった。そこで「圧倒的な利便性」の提供を目指すことで新たな顧客を開拓している（30ページ）。フレーム選びを自由にするメガネの田中チェーン（広島市）が展開する眼鏡の定額制サービス「ニナル」も同様だ（54ページ）。最後に、これまでにない「新しい消費体験」を提供するのは、キリンビールのホームタップ、パナソニックのＴｈｅ Ｒｏａｓｔなどだ。

「顧客至上主義」を突き詰める

いずれも異なる便益でサービスを開発しているが、１つ共通している点がある。それは「顧客にフィット」したサービスを目指し、常にサービスを改善させていることだ。

食品宅配のサブスクサービスを展開するオイシックス・ラ・大地　執行役員CMT（チーフ・マーケティング・テクノロジスト）の西井敏恭氏は、「サブスクが他のECと大きく異なるのはデータの量。常に接点があるため、圧倒的に顧客データの量と質が異なる」と説明する。そのデータを見ながら、顧客のニーズにサービスをフィットさせ続けることが、継続率の向上につながると指摘する（98ページ）。

文字通りの「顧客至上主義」を突き詰めることが、顧客に選ばれるサブスク事業を作るうえで最も肝要になる。本書では、衣・食・住・動・楽の5分野を中心とした24社の実例と特別講座を通じて、サブスク事業の成功法則を探っていく。

目次

Chapter01

衣

「衣」分野のサブスクリプションサービスは、高級バッグ、洋服、スーツ、腕時計、眼鏡、ネイルシールなど多様な分野に広がりを見せる。撤退も多い激戦区だが、だからこそ成果を上げている取り組みから学ぶことは多い。高級バッグ借り放題の「ラクサス」は、商品の扱いが荒い顧客には利用停止など厳しい態度で臨む。それが「ここなら管理が行き届いたバッグが借りられる」という顧客の信頼を生む。高級腕時計の「KARITOKE」は借りていない期間は月額料金がかからない。横並びではない工夫こそが成功の鍵になる。

Case01

ラクサス・テクノロジーズ「ラクサス」

高級バッグが借り放題　継続率95％の勝因

月額6800円（税別）で高級バッグを借り放題できる「ラクサス」。平均継続率は95％を誇る。顧客を大事に考えるが故に「強制退会」も辞さない。そんなユニークな仕組みが支持を集め、LTV（顧客生涯価値）はいまだ増え続けていて計測不能という。

会員の平均継続率は95％。登録後9カ月以上を経過した会員ともなれば、平均継続率は98％に達する。LTVに至ってはいまだ不明。なぜなら、2015年2月のサービス開始時に加入した会員の半数以上が利用し続けており、LTVは今も伸び続けているからだ。

そんな驚異的な数値をたたき出しているのが、ラクサス・テクノロジーズ（広島市）が展開する、月額制で高級バッグを借り放題できるサブスクリプションサービスの「ラクサス」である。

53ブランド、3万個超のバッグを用意

ラクサスはエルメス、ルイ・ヴィトン、プラダ、グッチ、バレンシアガといった53ブランド、3万個超のバッグを月額6800円（税別、以下同）で好きなだけ利用できる。基本的にスマートフォン向けアプリで利用する。利用者はアプリを使って、使いたいバッグを選んで予約する。自宅に届いたバッグは会員であるうちは、返却せずに利用し続けられる。もし、別のバッグを使いたくなった場合にはアプリから手続きをして返却する。返却後に別のバッグを選んで予約する。往復の送料は無料だ。アプリの利用者は約25万人で、そのうち1万8000人が有料会員だ。

バッグのレンタルサービス自体は珍しくはない。ラクサスはそれを使い放題にした点に新規性があり、人気を集めている。「通常のレンタルは自分の意思とは関係なく返却義務が生じる。この返却するという行為を人は嫌がる」と社長の児玉昇司氏は言う。「例えば、レンタルDVD。売上構成比の半分を延滞料が占めるといわれる。これは返却を嫌がり、後回しにした結果、返すのを忘れている人が多いからだ」（児玉氏）と分析する。

また、児玉氏は以前、物販のEC（電子商取引）サイトを運営していたことがある。そのサ

月額6800円（税別）で高級バッグを借り放題できる「ラクサス」が人気を集める

イトを運営する中で1つのことに気が付いた。「サイト訪問から購買までにかかる時間はおよそ5分。その間、95％の訪問者がサイトを出入りする。戻ってきたときには、多くの人に価格比較サイトの訪問履歴が付いている」（児玉氏）ことだ。要は損をしたくないから、他のサイトと価格などを徹底比較しているのだろう。児玉氏はこれを「選ぶ苦しみに時間を費やしている」と表現する。

　返却義務をなくし、選ぶ苦しみから解放する。ラクサスはそんなサービスを目指した。これを実現するには「サブスクリプションサービスしかない」（児玉氏）という結論に至った。借り放題なら、自分の好きなタイミングで返却できる。これなら嫌々返却する必要はない。借りたバッグが気に入らなければ、いつでも返却して新しいバッグを借りられるため、届いてからイメージと違って損した気分を味わう心配もない。その代わり、料金は月額制で毎月固定額を徴収する。そんなビジネスモデルにたどり着いた。

サブスクの利点はLTVが無限大

ラクサスは利用者の利便性を念頭に置いて開発されたサービスではあるが、サブスクリプションサービスを採用することは企業側のメリットも大きい。最大のメリットは「ＬＴＶが無限大であることだ」と児玉氏は言う。継続利用者が増えるほど、積み上げ式にしかも安定した収益を得られるため、収支の計画が立てやすい。「ＣＰＡ（顧客獲得単価）」や原価が倍になっても、１ポイント継続率が上がるだけで全部取り戻せる」（児玉氏）など、ＬＴＶが高まるほど、マーケティング活動にかける予算を増やし、規模の拡大にアクセルを踏める。

だから、ラクサスは継続率を最も重要なＫＰＩ（重要業績評価指標）に設定して、その向上に力を注ぐ。

まず品ぞろえだ。魅力的なバッグがなければ、高い満足度は与えられない。披露宴などで１

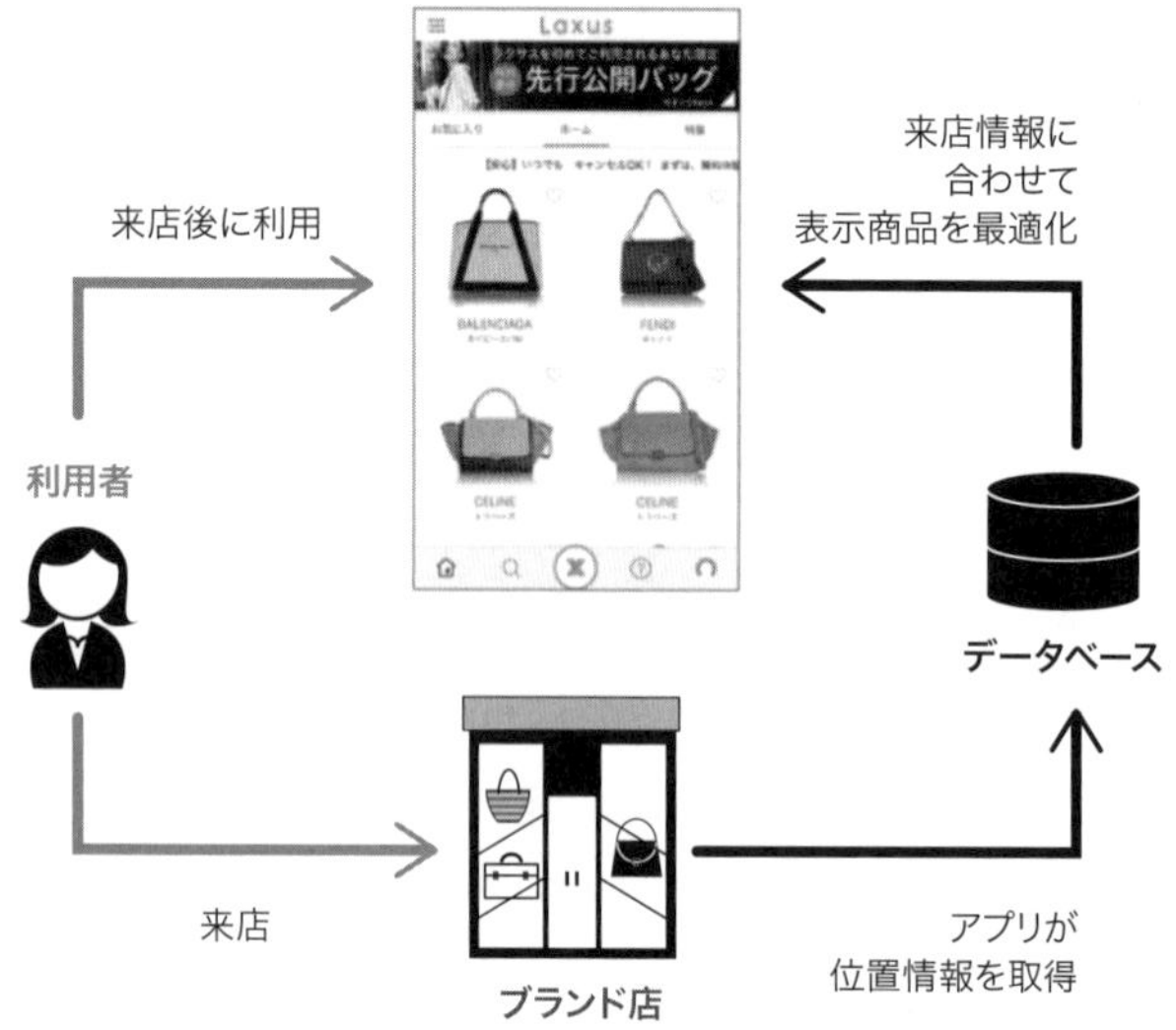

ラクサス・テクノロジーズは店舗情報のデータと利用者の位置情報を使い、興味関心の高いブランドのバッグを推奨する

回だけ使われるようなバッグではなく、通勤や通学など日常的に使えるデザインにこだわって取りそろえていることも特徴だ。ラクサスには既に借りられているバッグの入荷を通知する機能がある。より多くの人が通知を希望するバッグは、それだけニーズが高いということ。このデータを活用することで効率的な商品調達を実現している。

利用者とバッグが出合う機会の創出も重要だ。「退会者の83%が使いたいバッグがないと回答しているが、3万個もの在庫があって使いたいものがないはずがない」（児玉氏）。使いたいものがないのではなく、多すぎて探せていないのだ。この課題を解決するために、ＡＩ（人工知能）の活用を進めている。

利用者に対して、定期的にアプリ上で風景などの画像を表示して、その好き嫌いを尋ねて、回答データと過去の利用履歴をＡＩに学習させる。学習結果から、ＡＩが自動的に好みのバッグを割り出して優先的に表示する。「（サービス利用後に）シャネルを嫌いと回答している顧客にも、ＡＩはデータから好みのはずだと解析した場合にはシャネルのバッグを見せ続ける。すると借りられる。そうした潜在的な好みをＡＩが掘り起こしてくる」（児玉氏）。

ブランド店の位置情報も活用

さらに、利用者の興味関心に合致した商品をお薦めするために活用するのが、さまざまなブランドの店舗の位置情報だ。ラクサスは店舗情報のデータベースを保有しており、そのデータと利用者のスマホから取得した位置情報を連携したマーケティング施策にも取り組んでいる。

具体的にはラクサスのアプリの利用者が、グッチやコーチといったブランドの店舗を訪問したとする。その来店情報を基に、アプリのトップ画面の商品を並び替えて、その日に店舗を訪問したブランドの商品が優先的に表示されるようにする。こうして、バッグと利用者の出合いを創出している。

自宅にバッグが届く際に梱包する箱のデザインにもこだわる。ゴッホやモネといった著名な画家の絵をプリントしたり、季節に応じて桜などをプリントしたりした箱に入れて届ける。その効果を分析するために、通常の箱で届けるグループと分けて比較する。すると、絵画作品で届けた利用者は1・2~1・3%、継続率の向上に効果があることが分かった。「絵画を採用した箱はインテリア代わりにもなるため、部屋に飾る人もいる」と児玉氏は語る。

こうした小さな施策をいくつも積み重ねることで、顧客の満足度を高める。その効果を精緻に分析することが着実に継続率の向上という形で実を結んでいる。

クレーマーは一発退場させる

ラクサスは顧客目線を貫く一方で、クレーマーやバッグの使い方が荒い顧客には厳しい措置を取る。例えば、クレームを受けた担当者が、「相手の言葉使いが汚い」と判断した場合には一発で利用停止処分となる。また、バッグを貸し出す前に写真を撮影しておき、返却時にも撮影する。この写真をAIが分析して傷や汚れなどが多く、使い方が荒いと判断した場合もレッドカードを突きつける。

なぜ、そこまで厳しく対応するのか。それも顧客目線を大切にしているからだ。実は児玉氏はサービスを開始する直前まで、ラクサスの月額料金を2万9800円に設定していた。クレーム対応やバッグの修繕費などを織り込んでいたからだ。だが、過去に展開した事業の経験から、マナーの悪い顧客は全体の1%程度しかいないことが分かっていた。「その1%のために、他の99%の優良な顧客が割を食うのはおかしい」。児玉氏はそう考えた。

そこで、そうしたマナーの悪い顧客は客ではないと割り切り、サービスを利用させないことを決めた。従業員もクレーマーに延々と対応する必要がなくなり、労働環境も改善する。対応にかけるコストを加味する必要もなくなり、安価にサービスを提供できる。これにより月額6800円という料金が実現可能となった。

ちなみに、サービスの利用停止を言い渡された顧客の9割は謝罪して、サービスの継続利用を申し出るという。一度謝罪した顧客は、一転して優良顧客になる。自信のあるビジネスモデルだからこそ、優良顧客だけが残る仕組み作りを実現できている。

Case02

ストライプインターナショナル「メチャカリ」

洋服借り放題　苦節3年、黒字化視野に

ストライプインターナショナルの月額制洋服レンタル「メチャカリ」の年間黒字が視野に入った。サービス開始から3年超。撤退企業も現れる激戦のアパレルサブスク市場にあって、収益化に結び付けるまでの紆余曲折から成功のポイントを学ぶ。

「広告宣伝費を除く、という条件付きではあるが2018年度は『メチャカリ』の年間黒字が視野に入った」

こう明かすのは、ストライプインターナショナル（岡山市）で洋服のサブスクリプションサービス「メチャカリ」を担当する、メチャカリ部長の澤田昌紀氏だ。

サブスク事業の利点は積み上げ式で、会員の増加と共に安定して収益を得られる点にある。たとえ、ストライプが明日から広告宣伝を完全にストップしたとしても、会員が辞めない限りは安定的な収益が見込める。モノのサブスクの草分けであるメチャカリの収益水準が黒字に達

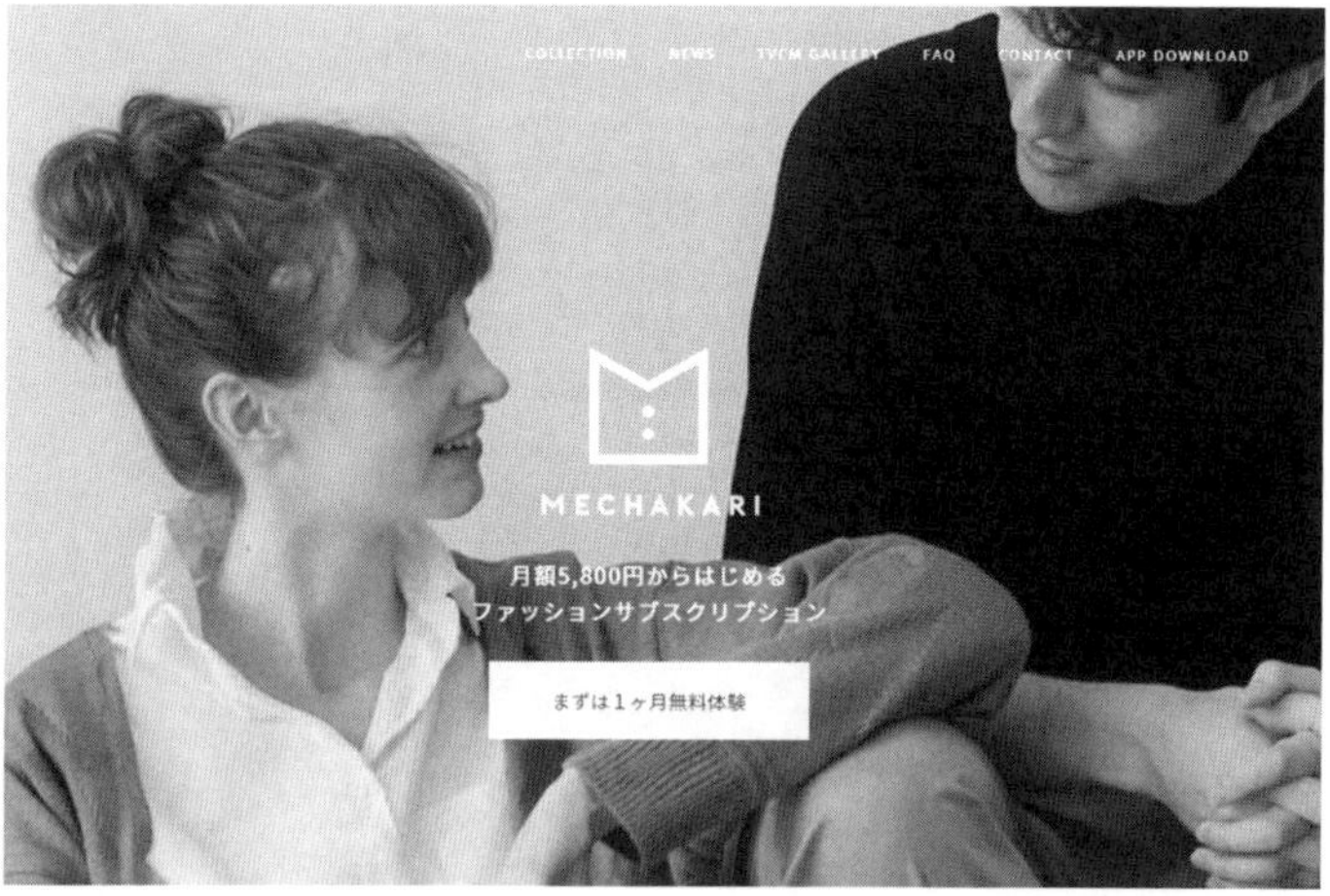

ストライプインターナショナルの「メチャカリ」は月額5800円（税別）からで、好きな洋服を選んで借りられるサブスクサービスだ

したことは、サブスクという消費形態の日本定着に向けた大きな前進と言えよう。

「ファッションもサブスクへ」

メチャカリは月額5800円（税別、以下同）で3枠までストライプが展開するブランドの最新作を借りられる、メーカー発の「アパレルレンタルサービス」として15年9月に開始。スマートフォン向けアプリで、ストライプが展開するブランド商品の約1万点の中から、好きな洋服を選んで借りられる。借りた洋服を返却すれば、新しく他の洋服を借りられる。現在は月額7800円で4着まで借りられる「スタンダード」、同5着で月額9800円の「プレミ

メチャカリはスマートフォン向けアプリから、借りたい洋服を選んで借りる

アム」の3プランで提供している。

ファッションレンタルとしてサービスを開始したメチャカリは、17年にアイドルグループの欅坂46を採用したテレビCMの放映開始を機に、サービスの定義を大幅に刷新。「月額制ファッションという新消費形態を定着させるには、覚えやすい言葉を作って文化を醸成する必要がある」という、石川康晴社長のマーケティングアイデアの下、「ファッションもサブスクへ」というメッセージを打ち出し始めた。

放映当初、広告の費用対効果は悪かったものの、世の中に「サブスク」という言葉が浸透するにつれて改善。「ファッションのサブスクならメチャカリというブランド認知もあり、ディスプレー広告などで『洋服借り放題』とうたったとしても、警戒感はそれほどなくなりつつある」（澤田氏）ことが要因と見る。

こうしたマーケティング戦略で着実に会員を増やし、有料会員数は1万2000人に達した。18年度は広告宣伝費を除けば、年間での黒字化が視野に入った。

狙うサービス価値を提供後に変更

ストライプは打ち出す広告メッセージだけではなく、提供する価値の定義も利用者のニーズに合わせて臨機応変に変えている。

サービス設計時に重視した便益は「コスト優位性」だ。5800円でコートもジャケットも借り放題で、ファッションを好きなだけ楽しめることが求められていると考えていた。もちろん、想定通りのニーズで使う利用者もいる。ところが、利用者へのアンケートから「時短」「選ぶストレスからの解放」といった利便性に便益を感じている人が多いことが分かった。

例えば、派遣社員も一例だ。派遣という雇用形態で働く利用者は、一定期間で職場が変わる。職場に合わせた洋服を購入するため、「転職のたびに3万円ぐらいかかると言われている」（澤田氏）。それまでに着ていた洋服は着づらくなり、タンスの肥やしになってしまうこともある。フリマアプリなどで販売することもできるが、出品や配送などの手間がかかる。

これらの負担を軽減するためにメチャカリを使う層が想定より多かった。借りられる洋服も「オフィスカジュアル系の人気が高い」（澤田氏）ことがサービス提供後にデータから明らかになった。

ストライプはデータで利用者のニーズを読み解き、「圧倒的利便性」をサービス価値として提供することを重視する。圧倒的利便性を提供するために強化に取り組んでいるのが「提案力の向上」だ。

メチャカリの利用者が新しい洋服を借りる場合、それまで借りていた洋服を一度返却する必要がある。この返却時に「枠が空っぽになった瞬間が、最も解約される可能性が高い」（澤田氏）。次に借りたい洋服が見つからないと、そのまま解約につながってしまう。だが、常時1万点を超える商品を貸し出しているため、メチャカリの有料会員に登録するような層にとって、借りたい洋服がないというのは考えにくい。

あり得るのは、商品数が膨大すぎるがゆえに、探せない事態だ。そこでストライプは借りていた洋服を返却して枠が空いた瞬間に、データに基づき利用者の趣味に合った洋服を推奨するマーケティング施策を強化する。

AIコーディネート提案で時短実現

そのデータ基盤は18年10月に整えた。ストライプは新たにＤＭＰ（データ・マネジメント・プラットフォーム）を導入。提案力向上を実現するためのデータ取得は、既に始めている。アプリ上にストライプで制作したコーディネート写真を投稿して、それぞれのコーディネートには「ママコーデ」「オフィスカジュアル」「女子会コーデ」といったメタデータを付与することで、利用者の閲覧情報から好みを分析。このデータを基に利用者に合わせた提案をする。

提案の具体策の１つがチャットとＡＩ（人工知能）を活用して、利用者の嗜好性に合ったコーディネートを提案する「パーソナライズスタイリングＡＩチャットボット」だ。

「よく見ているカテゴリからおすすめ」「おまかせコーディネート」「レンタル中のアイテムと組み合わせ」「トレンドアイテム」といった4つのメニューで利用できる。ＡＩがメニューとＤＭＰのデータを組み合わせて、約1万点の商品から利用者の趣味嗜好に合ったコーディネートをＡＩがチャット形式で提案する。それを丸ごと借りられる。洋服を選ぶ手間がなくなり、

チャットとAIを組み合わせて、利用者の趣味嗜好に合ったコーディネートを提案する機能を開発した

時短につながる。

また、19年にはプッシュ通知を活用したレコメンデーション強化にも取り組む。レンタルの枠が空いた瞬間に、アプリへのプッシュ通知で次に借りる商品をお薦めする、シナリオ型のマーケティングに取り組み始めている。このレコメンデーションの精度を高めることで、サービスのアクティブ率の向上を狙う。「会員登録から3カ月が経過すると、継続率が高くなる傾向がある。まずは、3カ月間、しっかり利用してもらうことが重要になる」（澤田氏）からだ。

ただし、単純に借り換え数が増えればその分の配送料が上乗せされて、収益性が下がるというジレンマも抱える。このバランスのかじ取りが次の課題になりそうだ。

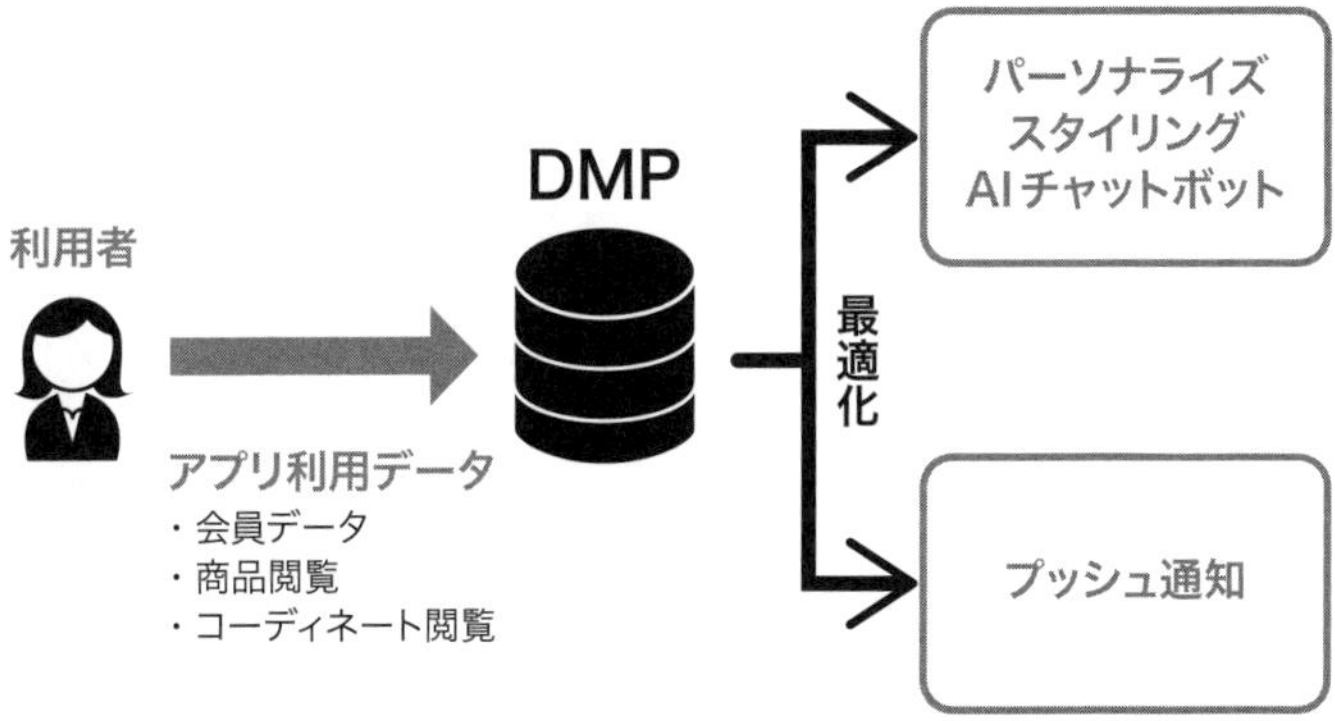

DMPにデータを蓄積して、AIチャットボットやプッシュ通知の最適化に活用できる仕組みを整備

「8億投資」公言、辛抱強く

ストライプは、メチャカリという新しい消費形態が世の中に受け入れられるまでに3年間を費やした。アパレルを核に技術を活用した「第4世代テックアパレル」を標榜する、石川社長の肝いりのサービスだったことが投資を後押しした。「事業計画時から8億円を投資すると公言していた」（澤田氏）。

石の上にも三年。サブスクの成功には短期的な収益を追い求めず、地道に会員を積み重ね、収益基盤を盤石にする辛抱強い事業計画が求められる。

Case03

レナウン「着ルダケ」
難関の定額制スーツ、成功への3指針

ベンチャー中心にいち早く立ち上がったアパレルサブスク市場。ここにスーツレンタルで挑むのがレナウンだ。先行参入したＡＯＫＩが開始半年で撤退を決めるなど難度が高いが、サービス設計思想は大きく異なる。両サービスの３つの違いを解説しよう。

レナウンは２０１９年2月8日から、月額制スーツレンタルサービス「着ルダケ」にクールビズに対応した新プランを追加した。

「スタートアッププラン／クールビズ」プランは春夏シーズンはスラックス5本、秋冬シーズンはスーツ2着を貸し出す。「エンタープライズプラン／クールビズ」は春夏シーズンにスーツ1着とスラックス5本、秋冬シーズンにスーツ3着を貸し出す。２つのクールビズプランは、春夏シーズンは上着を着ないという、顧客のニーズに応えるために開発した。

レナウンは2018年7月からスーツのサブスクリプション「着ルダケ」を開始した

顧客中心を外すと続かない

「顧客のダイレクトな声が得られることが利点。これまでの顧客の声といえば、お客様相談室に寄せられるクレームぐらいしかなかった。顧客中心を外すと、この事業は続かないと考えている」。レナウンのダーバン戦略事業部企画商品部UXユニットでユニットマネージャーを務める東村昌泰氏は、新プラン開発の背景をこう説明する。顧客中心主義で改善を積み重ねて、「圧倒的利便性」のあるサービスを開発する。それがレナウンの目指す、サブスク事業の提供価値だ。

　サービスを18年7月に開始し、会員数は18年11月までの獲得目標を2カ月前倒しで

レナウンはスーツのサブスクリプションサービス「着ルダケ」にクールビズプランを追加した

達成するなど、順調に伸びているという。22年までに1万人の会員獲得を目指す。

着ルダケ開始当初、スーツのサブスクリプションサービスではAOKIホールディングスの「suitsbox」が先行しており、その後追いサービスとして見られた。

しかし、同じスーツのサブスクリプションでも、サービス設計は大きく異なる。大きく3点ある違いを知ることで、AOKIがサービスを継続できなかったスーツのサブスクに、レナウンが挑める理由が浮かび上がってくる（AOKIのサブスク撤退については194ページ参照）。

ニーズに応え、新品にこだわり

まず、決定的に異なるのが商品だ。レナウンの着ルダケは利用者一人ひとりの体形に合わせて、新品のスーツを提供するセミオーダー式を取っている。色は黒、紺、グレーの3色を用意し、ピンストライプやシャドウストライプなどの柄もそろえた。サイズはスーツの既製サイズ16体形に対応。股下は採寸結果に合わせて裾上げする。ネットで申し込む場合は、自身で股下を測定して申込時に入力する。

不安な場合でも、東京・有明のレナウン本社にあるショールームで試着と採寸ができる。加えて試験的に東京・丸の内の直営店でも採寸を受け付け始めている。「人員が整っていないため、大々的に告知はしていないが、今後、既存の店舗網を生かしたリアルの接点は増やしていきたい」と東村氏は言う。

また、ウエストは前後6㎝であれば、アジャスターで調整可能な設計になっている。「スーツのサブスクは、おそらく体形の極端な変化が解約の理由になる」（東村氏）という予測から、多少の体形の変化にも対応できるような作りにした。

レナウンが新品にこだわったのは顧客の声を重視したからだ。サービス開発に先駆けて消費者にアンケートを取ったところ、回答者の6割が「他人と洋服を共有したくない」と答えたという。「男性はズボンなど、肌に直接当たる洋服の共有に不快感を示す人が多かった」（東村氏）。

返却されたスーツはレナウンがクリーニング後に保管して、翌年の同シーズンに利用してもらう。また利用期間2年ごとにスーツを新品と交換できる。解約された場合は、状態の良い品を中古として二次流通で販売する。

会員層が既存事業と重複しないワケ

2つ目はスーツの交換サイクル。ｓｕｉｔｓｂｏｘの月1回に対して、着ルダケは春夏と秋冬、半期ごとにスーツを交換する。

交換サイクルの決め手となったのは想定する顧客層だ。その顧客層の定義は、徹底的に議論を重ねた。社内からは「既存事業との顧客の奪い合い」を指摘されたからだ。ＡＯＫＩはｓｕｉｔｓｂｏｘの撤退理由の1つに既存顧客層との重複を挙げている。レナウンも同じ課題に直面する可能性はあった。

そこで、まずは既存事業の客層を分析した。レナウンのスーツブランド「ダーバン」は、10万円超の価格帯が中心と比較的高額だ。「10万超えのスーツを購入する層は、スーツ着用者全体に占めるシェアはとても少ないはず」（東村氏）。また、購入するような層はファッションへのこだわりもあり、自分で着る服を選びたい層だと考えられた。こうした層に〝普通〟のスーツをサブスクで提供したところで、利用にはつながりにくいだろう。

だから、着ルダケはビジネススーツに特化した。「仕事の必需品だがコストをかけたくない」「タンスにあるスーツが邪魔なのに何となく捨てられない」「選ぶのが面倒」。そんな悩みを抱える層に対して、スーツ選びの手間を省き、保管とクリーニングを代行することで、自身の管理が必要ないトータルバリューを提供することを目指した。そうした層は「スーツを毎月借り換えするほどマメではない。半期に2～3着あれば十分回る」（東村氏）。

こうして定義した顧客層に合わせて、着ルダケでは半期に一度という最低限の交換サイクルを採用している。結果的に毎月1回までスーツを交換できたsuitsboxと比較して、配送やクリーニングにかかるコストの抑制につながっている。もしサービスを解約する場合も、スーツを気に入っていた場合、スーツは1万5000円（税別、以下同）、オプションでレンタルするワイシャツは2000円で買い取ることも可能だ。

顧客の声で価格を半額以下に

最後の違いは価格だ。着ルダケの最も安いプランは月額4800円でスーツ2着を2シーズ

2019年2月から夜間限定でチャットによる問い合わせサービスを始めた。ビジネスパーソンの生活スタイルに合わせて開発した

ン分、つまり4着借りられる。AOKIのsuitsboxは月額7800円だった。「価格設定は最も苦労した」と東村氏は振り返る。

当初は1万円超を想定していたが、消費者アンケートでは1万円以下を希望する声が大きかった。「コスト優位性も絶対に必要」（東村氏）と考え、思い切って携帯電話の利用料金を下回る価格帯に設定した。「すぐには収益は上がらないが、サブスクは継続してもらうことで収益が上がる。22年に1万人の目標を達成できれば、きちんと収益が出る」と東村氏は説明する。

夜間にチャットでリアルタイム回答

とはいえ、これまでにないスーツのサブスクというサービスはまだ世の中に浸透していない。関心はあるものの申し込むうえで不安に感じる人もいるだろう。電話やメールで問い合わせは受けているが、想定する客層の多くは昼間は勤務中だ。

そこで、19年2月から午後7時~午後11時の夜間限定チャット問い合わせサービスを始めた。サービスに関する疑問点に、リアルタイムに回答できる体制を整えた。これも顧客中心主義ゆえの対応だ。

「始めたばかりのサービスのため、まだ完成形ではない。顧客の声を聞きながら、試行錯誤をして選ばれるサービスにしていきたい」と東村氏は意欲を見せる。3年間は投資期間と割り切り、スーツのサブスクという新しい消費形態の定着にまい進していく考えだ。

Case04

クローバーラボ「KARITOKE」

200万円の腕時計を月額2万円で

腕時計のサブスクリプションサービス「KARITOKE（カリトケ）」が話題だ。運営会社の想定と異なり、最高200万円の時計を借りられる高額プランに申し込みが殺到。そこで、高額商品の調達を狙いCtoC（消費者間取引）サービスを始めた。

「KARITOKE」は、アプリ開発ベンチャーのクローバーラボ（大阪市）が開発するサブスクサービスだ。全部で4つのプランを用意している。

6万円前後の時計を中心に貸し出す月額3980円（税別、以下同）の「casual plan」は、学生などを対象としている。次いで20万円前後の時計を中心に貸し出す月額6800円の「standard plan」、50万円前後の時計を中心に貸し出す月額9800円の「premium plan」と続く。そして最も高い月額1万9800円の「executive

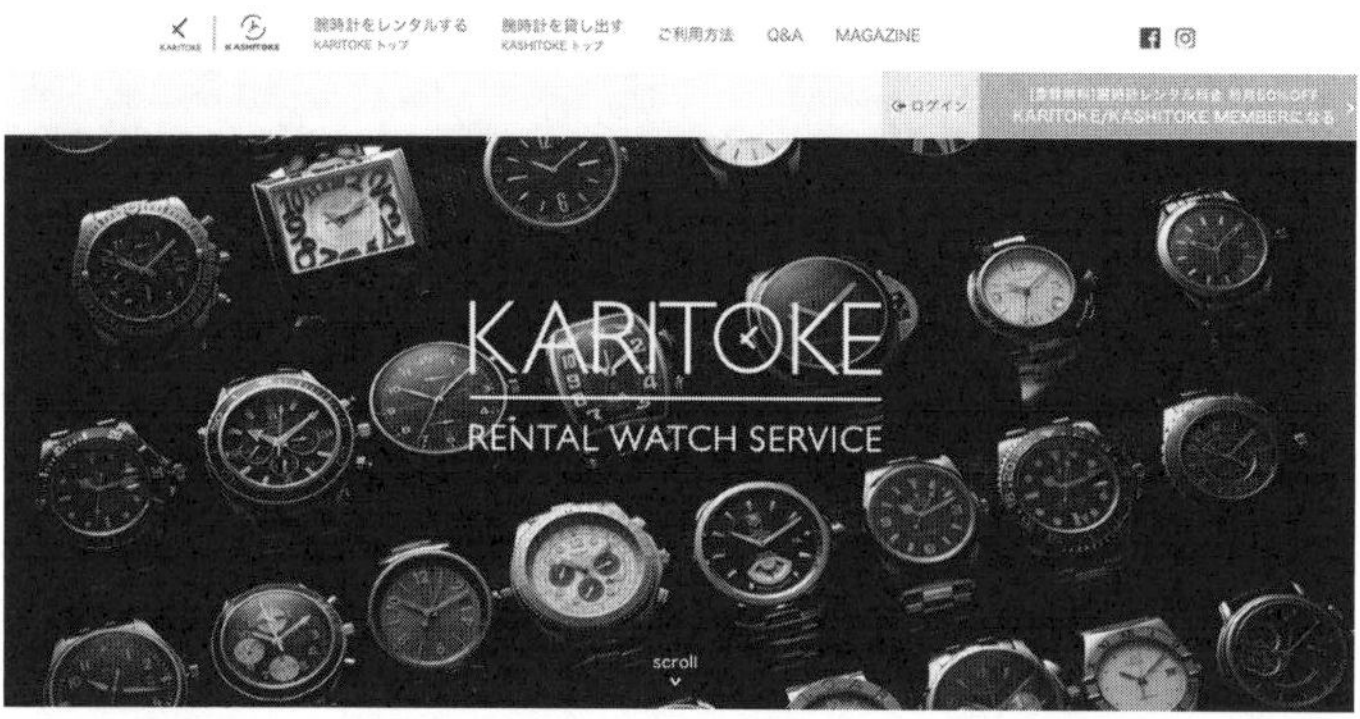

クローバーラボは月額制時計レンタル「KARITOKE（カリトケ）」を展開する

plan」では、最高200万円の時計を貸し出す。

いずれのプランも月に1本好きな時計を借りられる。別の時計に交換したい場合は、次に決済が発生する5日前に借りたい時計を予約をする。予約後に借りている時計を返却すると、決済完了後に新しい時計が発送される。

管理も価格設定もしやすい

運営するクローバーラボはゲームアプリの開発・運営が本業。新たな収益を生み出す事業を検討する中で、サブスク型のビジネス市場の可能性に目を付けた。問題は何を提供するかだ。

基本構想は「初期投資が数十万円から百万円かかるものを、レンタルにすることで安価にする」（常務取締役経営企画室長の小川紀暁氏）ことで、コスト優位性の高いサービスを開発すること。その対象として、女性向け高級バッグやジュエリー、男性向け高級スーツなどが候補に上がった。

このうちバッグは既にラクサス・テクノロジーズ（広島市）がサービスを提供しており、先行者として一定の地位を築いていた（22ページ参照）。一方、スーツは商品の管理に場所と手間がかかることが想定された。

こうして消去法で選んでいった結果、「腕時計」にたどり着いた。場所を取らず管理しやすく、なおかつ相場がはっきりしていて価格設定もしやすい。また、レンタル品として運用後に、売却処分して現金化しやすい利点もあるからだ。

腕時計は市場規模もまだ大きい。スマートフォンの普及で、時計自体を見る機会は減っているように思える。だが実は、さほど縮小していない。日本時計協会によれば、2017年の腕時計市場は、8004億円で前年比1％増加している。「8000億円の市場のうち1％でもレンタルに流せれば、当社にとっては大きなビジネスチャンスになる」と小川氏は考えた。

料金プランはいずれも平均のレンタル期間を予測し、貸し出せる時計の相場を割ることで回収可能な金額の幅を推測し、値付けしている。

実は企画当初は最安・最高のプランは計画していなかった。しかし、その事業計画では最も

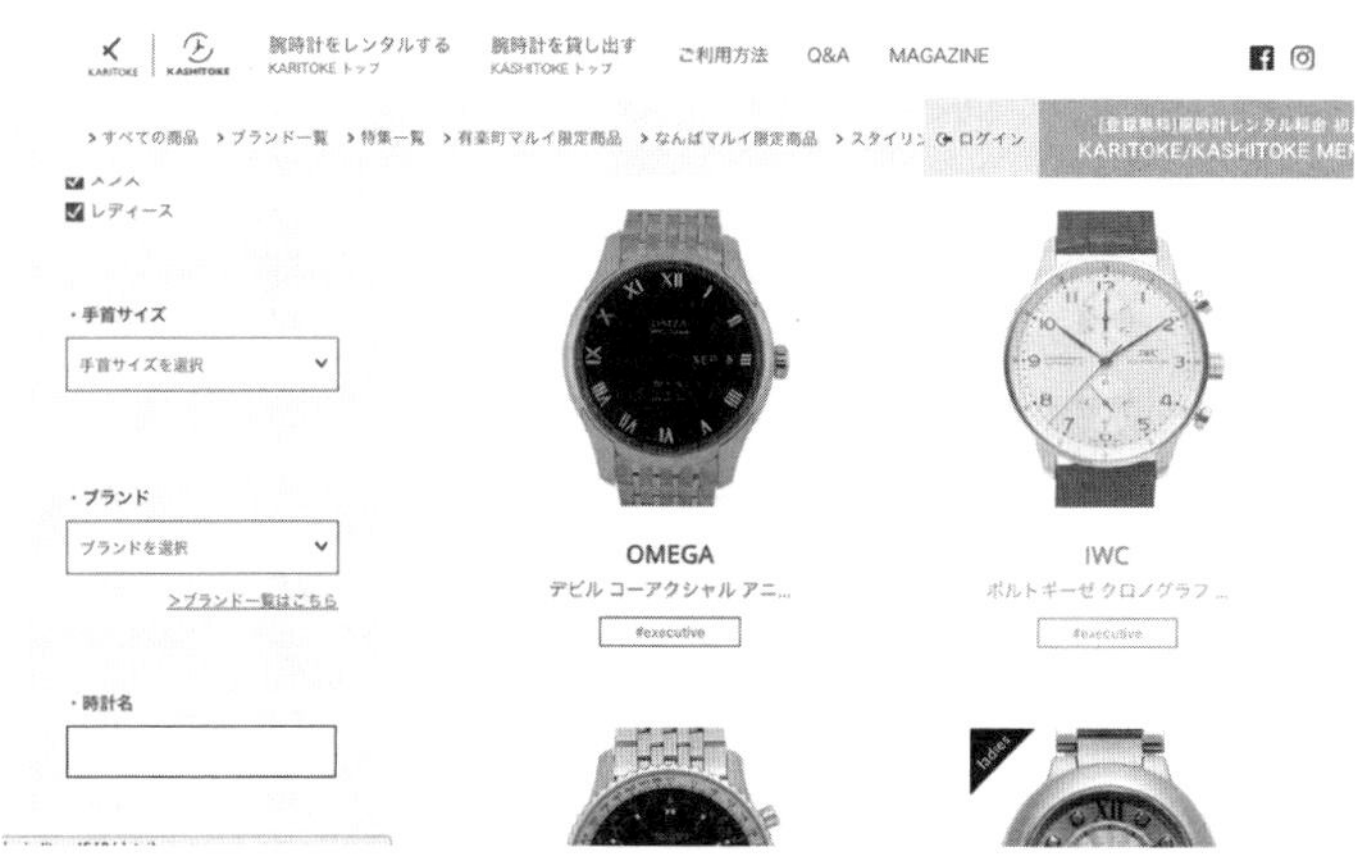

「executive plan」では、最高200万円の時計を貸し出す

高い月額９８００円のプランでも、ロレックスの「サブマリーナ」といった王道の人気商品を扱えない。そこで、１万９８００円のプランと、学生を対象としたさらに安い３９８０円のプランを加えた。

サブスクなのに毎月利用料がかからない

単純に毎月利用料を徴収するモデルではない点も、ＫＡＲＩＴＯＫＥの特徴だ。月額料金が発生するのは時計を借りている間だけ。時計を返却して、次の機種を借りなければ支払いは発生しない。利用し続けなくても損をすることがないため、好きなときに借りて、必要なければ止められる。「レンタルサービスは借りたい商品の有無で利用意向が決まる。借りたい時計がないのに料金が発生すると、満足度が下がってしまう」(小川氏)と考え、こうした制度を取り入れた。より顧客のニーズにフィットさせることで、離脱防止を狙う。

サブスク型ビジネスへの変革と収益向上を支援するZuora Japan(東京・千代田)社長の桑野順一郎氏も、「よくある間違いは、『サブスク=月額制』と考えることだ」と指摘する。10万円のものを36カ月で割って月払いにして商品を提供すればいいというわけではない。「顧客の利用状況を見ながら、最適プランを提案して長期の関係を構築するビジネスモデル変革こそがサブスクだ」と言う。顧客と長期的な関係を構築するには、柔軟な課金体系が求められる。

さて、クローバーラボはプランを固めてサービス開始の1カ月前となる17年5月に、事前登録の受け付けを始めた。ここで想定外の結果となった。最も高額なexecutiveから順に、上から登録者が多かったのだ。想定では、安価なcasualやstandardの利用が多いと見込んでいた。現在も利用者の割合はexecutiveが34・4%と最も高く、以下premium(28・2%)、standard(25・4%)、casual(11・9%)という順番になっている。

事前の想定に合わせて商品を調達していたため、このままでは最高額のプランの商品が足りなくなる。そこで、「仕入れ計画をがらっと変えた」（小川氏）。

利用者のニーズがデータからはっきりと分かるため、そのニーズに合わせてサービスをフィットさせていけるのもサブスク型の利点だ。利用者は30代が最も多く39％を占める。「もともと時計が好きだったが、結婚して自分自身に使えるお金が減り、新たに購入できない層が多くを占めるのではないか」と小川氏は見る。

「順番待ち機能」はなぜ失敗したか

こうして、臨機応変に商品の調達計画を立てることで、顧客のニーズに応えた。その一方で、顧客のためを思った機能開発にもかかわらず、かえって利用体験を損なう失敗も経験した。

それが、18年1月に追加した、借りたい時計の「順番待ち機能」だ。レンタル中の時計が貸し出し可能になったタイミングで通知を受けられる。それ自体は利便性の向上につながるが、この待っている人数をサイト上に表示して可視化したことが問題となった。

「人気の時計に順番待ちが集中してしまい、物によっては50人待ちになってしまった」と小川氏は言う。いきなり数十個も調達できるほど、ベンチャー企業であるクローバーラボは資金

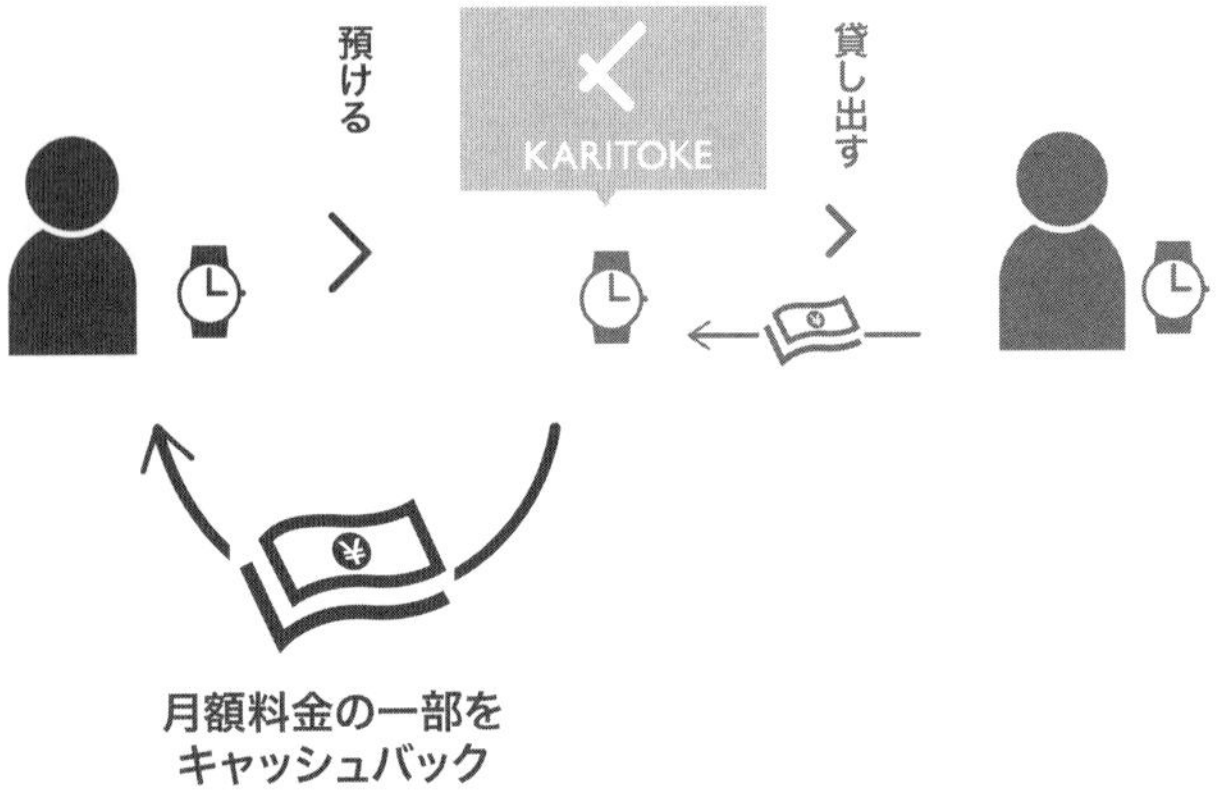

クローバーラボは商品調達を狙い、2018年11月からCtoCサービス「KASHITOKE（カシトケ）」を開始した

力に余裕があるわけではない。順番待ちの人数を可視化したことで、いつになったら借りられるか分からないという不満につながる恐れがあった。そこで、この機能は18年11月に廃止した。

ユーザーの遊休資産を活用

ただ、同機能によって、どの商品を仕入れればいいかの判断はつきやすくなった。そこで18年10月に始めたのが、CtoCのサービス「KASHITOKE（カシトケ）」だ。

家で眠っている時計をクローバーラボに預けることで、KARITOKE経由で商品を貸し出せる。故障や盗難時の、修理や損害賠償を条件にクローバーラボが時計を預かる。預けた時計が借りられると、月額料金の25%が支払われる仕組みだ。

とはいえ、高級時計をネットを介して貸し出すことに抵抗がある人が大半だろう。より安心感を与えるために、クローバーラボは東京・有楽町と大阪・なんばの丸井2店舗に常設店を設置した。多くの人になじみのある丸井に店舗を構えることで、信頼感を醸成するのが狙いだ。

また、リアル店舗なら、預かる際に商品鑑定もしやすい。自社仕入れだけではなくユーザーの遊休資産を活用することで、事業規模を拡大している。

クローバーラボは、サービスの利便性をより高めるためにアプリを開発する予定だ。アプリの利点はプッシュ通知が活用できること。利用者が借りたい時計の入荷時に、プッシュ通知で知らせるといった販促施策も取りやすくなる。

Case05

眼鏡の定額制　月額2100円で開拓

メガネの田中チェーン「ニナル」

メガネの田中チェーンが展開する「ニナル」は、月額2100円（税別）の3年契約で3本まで眼鏡を交換できる。眼鏡選びは無難で保守的になりがちだが、サブスク型なら気になるフレームを試しやすい。同社は潜在需要の掘り起こしに期待を寄せる。

全国116店舗の眼鏡店を展開するメガネの田中チェーン（広島市）が、眼鏡・サングラスのサブスクリプションサービス「ニナル」を2019年4月1日から開始した。眼鏡のサブスクは国内初の取り組みだ。

メガネの田中は、関東での出店が東京・銀座と埼玉・越谷の2店のみのため、関東圏の居住者にはなじみが薄いかもしれないが、創業は1913年で100年超の歴史がある老舗眼鏡店。眼鏡チェーン業界では、「眼鏡市場」（メガネトップ）、JINS、「パリミキ」（三城グループ）、

眼鏡のサブスクサービス「ニナル」の案内ページ

「Ｚｏｆｆ」（インターメスティック）、メガネスーパー、「メガネの愛眼」（愛眼）の6社に次ぐ業界7番手に位置する（出所：『眼鏡ＤＢ（データベース）２０１７』眼鏡光学出版）。

3年契約で3本試せる

新サービスのニナルは、月額２１００円（税別、以下同）で提供する定額制の眼鏡・サングラスの掛け替えサービス。契約期間は3年で、約３００種類の商品の中から好みの眼鏡またはサングラスを選び、期間中に3本まで、レンズを含めて交換できる。サービス対象のフレームは実売価格3万円台の新品で、約３００種類から順次増やしていく。同店で取り扱っている全フレームの8〜9割、約１０００種類まで対応する予定だ。

（写真提供／メガネの田中チェーン）

サービス名称の「ニナル」は、「眼鏡が似合うあなたになる」「眼鏡で新しい自分になる」の意味を込めたという。ニナル事業を率いる同社取締役の嶋谷謙二氏は、眼鏡のサブスク事業を始める狙い、動機について次のように語る。

新しい出合いを提供

「当社のお客さまは、平均するとレンズと合わせて4万～5万円台の眼鏡を購入し、4～5年利用されている。決して安い買い物ではなく、また顔の印象を左右するものでもあるので、ちょっと気になるデザインのフレームがあっても、なかなかチャレンジしづらい。『結局、無難なデザインのフレームを選ぶ』

	ニナル	ニナル STEP
対象	全年齢	中学3年生まで ※契約開始は中学校入学前まで
対象の眼鏡	数百種類（スタート時 300 種類～）	
サービス内容	レンズ・フレーム 3本掛け替え可	レンズ・フレーム 交換し放題
契約期間	3年契約	
料金	月額 2100 円（税別）	月額 1800 円（税別）
サービス開始	2019 年 4 月 1 日	
実施店舗	全店舗	

眼鏡のサブスクサービス「ニナル」の料金プラン

『前と同じタイプの眼鏡を使い続ける』という選択になりがちだった。

そんな眼鏡選びにおける課題を乗り越えて、もっと自分に似合う眼鏡との出合いを提供できないか、新しい出合いを通じて〝眼鏡ファン〟を増やせないかと考えていたときに、昨今さまざまな業界で導入が増えつつあるサブスクリプションモデルが目に留まった。月額制で掛け替えができるサービスならば、新しい眼鏡との出合いが提供できそうだと思い至った」

ニナルの利用客は、例えば40代に入って近くが見えづらくなった人なら、1本目として軽めの遠近両用を試してみる。そしてパソコン仕事が増えそうならPCメガネを2本目に、営業でゴルフをする機会が多くなりそうなら度付きのサングラス、あるいは趣味で釣りに行くなら偏光サングラスを3本目に、といった具合に掛け替えていくことができる。

複数使い分ける「眼鏡好き」育成、子供向けも

ニナル利用者は、月々2100円の3年契約計7万5600円で、購入すれば1本レンズ込みで4万~5万円はする新品の眼鏡を3本掛け替えられるので、お得感がある。ちなみに、ニナル利用客から掛け替えで戻ってくる眼鏡を「中古品として販売する予定はない」(嶋谷氏)という。解約する場合は、契約1年目は3万円、2年目は2万円、3年目は1万円の解約料がかかる。掛けている眼鏡を購入したい場合は、その眼鏡を掛けて1年以内なら10%オフ、2年目なら20%オフ、3年目だと30%オフの優待価格で購入できる。

同社は、ニナルの利用者がタイプの違う眼鏡・サングラスを掛け替える、いわば「眼鏡体験」を提供することで、複数の眼鏡・サングラスを使い分けるニーズを喚起する。実際に一定期間掛ける機会を持ってもらうことで、フォーマルな場とカジュアルな場で掛ける眼鏡を使い分けたり、屋外レジャー用やPC用など機能性で使い分けたりと、複数の眼鏡を所有または利用する〝眼鏡好き〟を増やしたい考え。

なお、中学3年生以下を対象とした月額1800円の「ニナルSTEP」も同時に開始する。

こちらはフレームとレンズのどちらも回数無制限で交換可能。成長期で視力やフレームサイズの変化が速い子供向けに、適切なレンズ、フレームを提供する。掛け替える楽しみから眼鏡ファンを育成すると同時に、その親世代は老眼が始まる頃でもあるため、親世代を店舗に呼び込むきっかけにもなりそうだ。

同社は創業100周年の2013年に専務取締役として迎えた米プロクター・アンド・ギャンブル（P&G）出身のデイミアン・ホール氏が16年に社長に就任。新ビジョン「日本で一番楽しく選べる、選んでもらえるメガネ専門店」を掲げて、ブランドの再構築に取り組んでいる。今回のサブスクサービスもその一環だ。

同社のウリは、「お節介なほどの接客、提案」（嶋谷氏）にある。オリジナルの「印象分析iPadアプリ」を開発して、輪郭や目の形などの顔立ちから似合う眼鏡を判定する他、好みのバッグや靴、朝食のパンなど5つの質問に答えるだけで、モダン、エレガンス、ドラマチックなど好みのテイストを判定する「テイスト診断ツール」、仕事・生活スタイルについて四択で回答していくことで視力矯正の必要な度合いを探る「視生活カウンセリング」など、デジタルツールを活用しながら、最適なフレーム&レンズを提案する。ニナル利用者に3年間で3回、この接客をすることで、同社のファンを増やしていきたい考えだ。

Case06

ユニック「YourNail」

利用者がデザインを増やすネイルシール

スマホアプリで注文できるオーダーメードのネイルシールが、これまで時間と費用がネックになり楽しめなかった女性の心をつかんだ。利用者が自作したデザインを登録すると、他の利用者も注文できる仕組みで、楽しさを提供しながら、商品数を増やす。

スマートフォン向け事業開発のユニック（東京・渋谷、uni'que）は、スマホアプリで選んで注文できるオーダーメードのネイルシール事業「YourNail」を展開する。YourNailはこれまで通常のEC（電子商取引）として、1シート単位でネイルシールを購入できるアプリだった。このアプリで、月額1180円（税込み、以下同）でネイルシールが定期的に自宅に届くサブスクリプションサービス「YourNail定期便」を2018年9月に始めた。利用者は3万点を超えるデザインの中から、毎月2種類を選んで注文する。

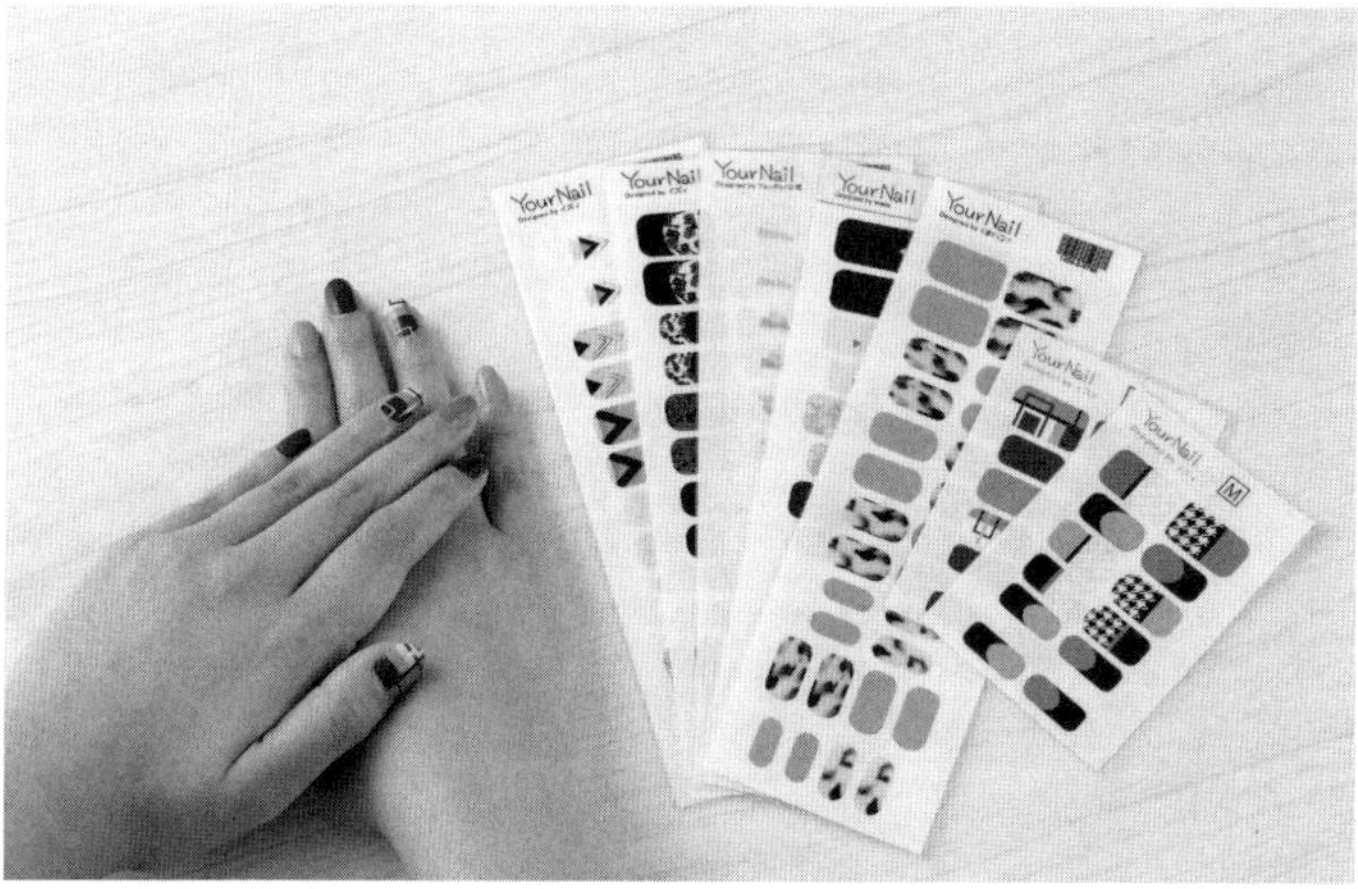

uni'que は2018年9月から、スマートフォン向けアプリ「YourNail」で、月額1180円（税込）でネイルシールが自宅に届くサブスクリプションサービス「YourNail定期便」を始めた

「継続性・周期性」を重視

サブスクリプションサービスの展開は、YourNailの創業期から見据えていた。ユニック代表取締役CEO（最高経営責任者）の若宮和男氏は起業するに当たり重視したポイントの1つとして「継続性・周期性」のある商品やサービスを挙げる。

若宮氏はNTTドコモ出身。そのときの経験から「携帯電話事業こそ日本で最も成功したサブスクリプションサービスだ」と若宮氏は力説する。例えば、ドコモのモバイル事業「iモード」は、月額課金制で利用できるさまざまなコンテンツが人気を博した。「モバイルでコンテンツを配布することばかりが注目されがちだが、月額制のコンテンツを作っ

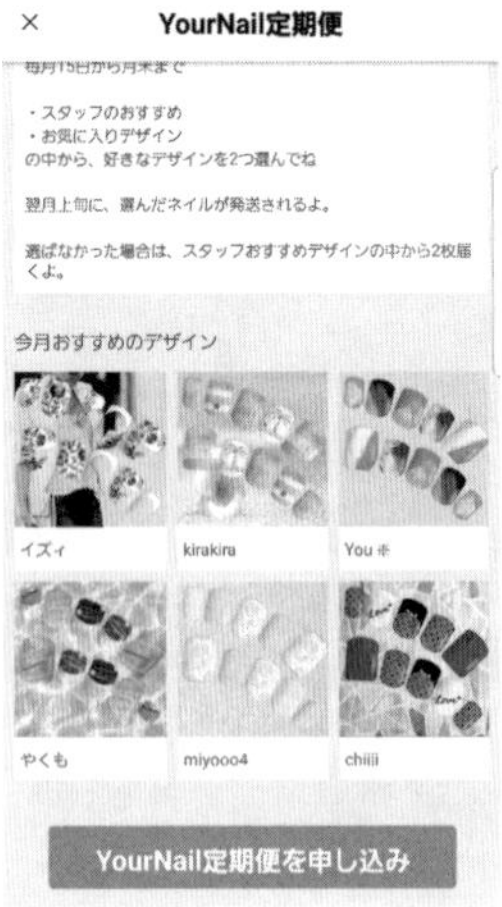
×
YourNail定期便
・スタッフのおすすめ
・お気に入りデザイン
の中から、好きなデザインを2つ選んでね
翌月上旬に、選んだネイルが発送されるよ。
選ばなかった場合は、スタッフおすすめデザインの中から2枚届くよ。
今月おすすめのデザイン
イズィ
kirakira
You
やくも
miyooo4
chiiii
YourNail定期便を申し込み

サブスクリプションサービス「YourNail定期便」では好きなデザインを2種類選んで注文する

たことこそが発明だ」(若宮氏)。

決済回数の減少が成功の秘訣

成功の秘訣は何度も決済をさせないこと。一度決済のプロセスを完了すれば、継続的に課金される。それに伴い収益が蓄積され、LTV(顧客生涯価値)が高まる。「LTVとCPA(顧客獲得単価)のバランスが分かれば、いくらでもマーケティングに投資をして成長させられる」(若宮氏)のがサブスクリプションを採用する利点だ。

そんな事業を展開すべく、継続的に必要とされる商品はないかと、若宮氏は頭を悩ませた。ひねり出したのがネイルだ。ネイルは女性のファッションにとって広く親しまれており市場が出来上がっている。さらに経年劣化や爪が伸びるという生理現象などから、定期的にネイルを付け替える人が多い。そのため、継続的な購入が見込める商品としてうってつけだった。

安価×短時間に潜在ニーズ

しかも、ネット通販に参入する余地が十分に残されていた。というのも、「ネイルを現在進行形で楽しめているのは、女性の約3割にとどまるという調査結果もある」（若宮氏）からだ。

その要因は金と時間だ。プロのネイリストが施術するジェルネイルは1回当たり4000～8000円がかかる。これにオプションのラインストーンなどを付けると1万円を超えることも珍しくない。さらに施術時間は2～3時間に及ぶ。ネイルは金と時間による制約が大きい。ネイルの優先順位が低い女性は、楽しみにくい状況だった。

裏を返せば、安価で時間をかけずに楽しめるネイルがあれば潜在的なニーズを取り込み、より大きな事業を築けると考えられた。こうして生まれたのがネイルシールの通販事業だ。アプリで簡単に注文できるため買いに行く時間が省け、貼るだけで楽しめるため施術の時間も必要ない。価格は1シート690円。しかも、初回注文時に自分の爪のサイズを測って登録すれば、以降は自分の爪にぴったりのシールが届く。

利用者が商品を作るUGP

だが、高いLTVが期待できるのは、あくまで利用者から解約されなければのこと。利用者に使うメリットを感じて続けてもらわなければならない。

そこで、若宮氏は利用者が自らデザインを作れ、さらにそのデザインをサービス上で公開して他の利用者も注文できる仕組みを思いつく。この利用者が自ら商品を開発してくれる仕組みを「UGP（ユーザー・ジェネレーテッド・プロダクト）」と若宮氏は名付けた。利用者が増えるほど購入できるデザインの種類も増え、選ぶ楽しみが生まれる。それが継続利用につながると考えた。

これが奏功。現在は毎月数千点のデザインが生まれているという。デザインの総数はサービス開始から1年で3万を超えた。

若宮氏が事業の開始当初からサブスクリプションサービスを展開しなかったのは、この仕組みが定着するのを待ったからだ。デザインが少ない状態では選ぶ楽しみがなく、すぐに飽きられてしまう恐れがあった。UGPの仕組みがうまく回り始めたことから、十分なデザインの点数がそろったと判断。サブスクリプションサービスの展開へと踏み切った。

サブスクリプションサービスは、普通に2枚買うよりも200円お得になる。最初の入り口として、お得感を打ち出したほうが申し込みやすいと考えた。貼り替えの期間は平均2週間と見積もり、2枚セットのプランから始めた。

今後は継続率の向上を狙い、コミュニティー戦略に力を注ぐ。利用者同士で作成したデザインを評価し合えるようにしたり、利用者を招いたイベントを催したりするなど、利用者同士の結び付きを強くする。「コミュニティーの形成はすぐには効果が出ないかもしれないが、長期的に見れば確実に継続利用率の向上に効いてくるはずだ」と若宮氏は語る。ゆくゆくはYourNail発の人気デザイナーも発掘していく考えだ。

Case07

エアークローゼット「air Closet」

コラボで育つ「プラットフォーム」に

さまざまなカテゴリーで月額制サービスが登場し、サブスクリプション化が進む。とはいえ、自社ですぐサブスク事業を立ち上げることにハードルの高さを感じる企業も少なくないだろう。そうした企業には、既存のプレーヤーと組むのも1つの手段だ。

寝具メーカーのエアウィーヴ（東京・中央）は2018年8月15日に、エアークローゼット（東京・港）の月額制衣料レンタルサービス「air Closet」上で、マットレスのレンタルを開始した。狙いはair Closetの利用者に、自社のマットレスを体験してもらうことだ。マーケティング施策の一貫としてair Closetを活用した。3万5000円（税別、以下同）の商品が1カ月2400円からで、最大の3カ月だと6000円の料金で貸し出した。ところが、開始早々に用意した数を超える申し込みが寄せられ、即日すべての在庫の貸し出しが決まった。現在は受け付けを中止している。

新しいニーズを協業で取り込む

ａｉｒＣｌｏｓｅｔの活用を決めた理由について、エアウィーヴ社長の高岡本州氏は「これまでの寝具に対する『所有』という常識にとらわれない、新しいニーズを協業により取り込むことができるのではないか」と言う。まずは、安価なレンタルサービスで利用してもらうことで「購入への誘導やアップセルにも活用していける」（高岡氏）ことを期待する。

エアウィーヴのマーケティング施策の舞台となったａｉｒＣｌｏｓｅｔは、消費者向けに提供する月額制のファッションレンタルサービス。月額９８００円で、洋服を借り放題できるサブスクリプションサービスとなっている。利用者は登録時に好みの服装や色、利用シーンなどを登録しておくと好みに合わせて、エアークローゼットが所有する10万着の洋服の中から、エアークローゼットと契約するスタイリストが選ぶ3着が自宅に届く。

届いた洋服は無期限に利用できる。返却すれば別の洋服に交換できる。返却時にスタイリストや、商品のサイズの適切さや素材の好みなどを評価することで、データが蓄積され、より自分好みの洋服が届くようになる。「所有」せずに「使用」することに慣れた利用者を多く抱えるａｉｒＣｌｏｓｅｔは、体験を通じて新商品やブランドと消費者の接点を作るマーケティング施策に向く。ａｉｒＣｌｏｓｅｔをマーケティングに活用した例は他にもある。

ビームスもａｉｒＣｌｏｓｅｔ活用

女性向けアパレルブランド「ＣＡＲＯＬＩＮＡ ＧＬＡＳＥＲ（カロリナ グレイサー）」がその１社だ。ＣＡＲＯＬＩＮＡ ＧＬＡＳＥＲはビームス（東京・渋谷）が展開する、ネット通販専用のブランド。顧客層の拡大を狙ってａｉｒＣｌｏｓｅｔを活用した。

ＣＡＲＯＬＩＮＡ ＧＬＡＳＥＲは歌手のＭＥＧが立ち上げたブランドだ。従来は数十万人を抱えるＭＥＧのソーシャルメディアのアカウントの投稿を通じて、ＭＥＧのファン層に対してブランドを広めてきた。このブランドをビームスに移管するに当たり、従来の店舗型ビジネスから、ＥＣ（電子商取引）専業の新しいブランドへと生まれ変わらせた。

その後もＭＥＧを中心としたマーケティング活動に取り組んできたものの、ＭＥＧのロンドン移住に伴い、従来型のビジネスから脱却して、「ブランドとして一人立ちさせる」（ビームス執行役員で創造研究所長の南馬越一義氏）ことが求められた。それには、顧客層の間口をより

「airCloset」は、登録時に好みのスタイルなどを選ぶと自分好みの洋服が届く

広げなければならない。

　新しいマーケティング施策を模索する中で、南馬越氏はairClosetにたどり着いた。「創造研究所では店舗を持った小売りとは異なる事業の形を模索しようというフェーズに入っている。シェアリングエコノミーが広がる中、airClosetを活用すれば新しい価値観を持った消費者層とブランドの接点を作れるのではないか」と南馬越氏は考えた。

　そこで、CAROLINA GLASERはairCloset上でコーディネート診断を受けられるキャンペーンを実施した。「次の休みは何をしたい？」といった5つの質問に回答した訪問者に対して、CAR-

エアークローゼットがエイブルと共同運営する東京・表参道の店舗にCAROLINA GLASERコーナーを設置して、来店者にアプローチした

OLINA GLASERの商品を使ったお勧めのコーディネートを紹介。診断利用者のうち抽選で50人に、提案されたコーディネートを試着できる体験企画を行った。試着に当選した応募者には、提案したコーディネートの商品、および一部の対象商品を安価に購入できるクーポンを配布して、新規顧客開拓を狙った。

キャンペーンページ訪問者の8割が診断を受けた。計画よりもかなり多くの訪問者があったという。ただ、購入への転換率では、やや課題が残る結果となった。「試着後にブランドサイトで検索して、購入するのが一連の流れだが、会員登録などハードルを乗り越えさせることが難しかった」とエアークローゼット社長の天沼聰氏は分析する。

また、エアークローゼットが不動産賃貸仲介のエイブルと共同で運営する東京・表参道の店舗を活用した、CAROLINA GLASERの体験イベントも実施した。

同店舗は店内にいるスタイリストによるコーディネートをその場で体験して、実際に洋服を借りたり、購入したりできる。同店舗で初となるCAROLINA GLASERのコーナーを作った。通常はECでしか販売していないブランドだけに、「体験から購入に至る率が圧倒的に高かった」（天沼氏）。

サブスクが新たなマーケティングプラットフォームに

エアークローゼットはこうした仕組みを、広告サービスとして提供すべく、メニュー化を検討し始めた。エアウィーヴやCAROLINA GLASERのキャンペーンが、その成果は想定を超えるものだったからだ。「商品を買わなくても、リーズナブルに体験できることがマーケティングで重要になる。エアウィーヴを体験できることが価値として受け入れられたことから、さまざまな商品の体験を横展開できると考えた」と天沼氏は言う。そのプラットフォームとして、airClosetはうってつけだ。

2社のキャンペーンは単発的な企画だったものの、その成果からairClosetはマーケティングプラットフォームとしての可能性が高いと判断した。「今後、洋服に限らず我々のプラットフォームを通じてレンタル体験を提供する」（天沼氏）ことを検討していく考えだ。

Chapter02

食

居酒屋「金の蔵」では月4000円（税別）で何度でも飲み放題を利用できるサービスが人気を集めている。毎日利用すれば1日130円ほどという大盤振る舞いは、割に合うのか、その効用とは。キリンビールが家庭用サーバーで毎月、工場直送ビールを提供する「ホームタップ」は申し込みが殺到する中、1年以上、会員募集を停止した。その理由と再開までの苦闘とは。家電メーカーのパナソニックは、なぜ「コーヒー焙煎」に狙いを定めたのか。「食」分野で注目を集めているサブスクリプションサービスを、たっぷりと深掘りする。

Case01

金の蔵「プレミアム飲み放題定期券」

月4000円飲み放題　脱グルメサイトへ

居酒屋「金の蔵」がスマートフォンアプリを活用し、月額4000円（税別）の定額制飲み放題サービスを開始した。オウンドメディアとしてのアプリを強化して、「ぐるなび」などのグルメサイトに依存した店舗運営からの脱却を進めるのが狙いだ。

外食チェーンの三光マーケティングフーズが運営する居酒屋「金の蔵」では、店員にスマートフォンの画面を見せて、飲み放題を注文する客が増えている。同社が2019年3月5日に開始した月額4000円（税別、以下同）で毎日飲み放題を利用できる「プレミアム飲み放題定期券」だ。

同サービスを利用するには、まず店の公式アプリをダウンロードし、アプリから飲み放題定期券を購入する。使用できるのは同一店舗で1日に1回。別店舗であれば同じ日に使用できる。

三光マーケティングフーズが運営する居酒屋「金の蔵」。都内を中心に直営55店を展開する

毎日使うと1日130円

　金の蔵のプレミアム飲み放題サービスは、2時間1800円。これに対して、飲み放題定期券を毎日使った場合、1日当たりの金額は130円ほどで済む計算だ。頻繁に来店する客ほどお得になる。

　同社は、金の蔵の公式アプリの運用を18年2月20日に開始。同アプリでは、割り勘計算や割引クーポン配信などの機能を搭載していた。開始から1年間のダウンロード件数は、順調に伸びて約3万弱になった。これに、お得感を打ち出した飲み放題定期券を開始すると、伸びが加速し、直後の1週間で4000ダウンロードを達成した。

　ただ開始から日が浅く、認知度も低いため、飲

金の蔵が導入した月額定額制飲み放題サービス「プレミアム飲み放題定期券」のアプリ画面。利用する際、店内でスタッフに画面を提示する

み放題定期券の購入件数は、１２０とまだ少ない（19年4月25日時点）。そのため、店舗では専用のＰＯＰを作成し、店員が客に見せて説明し、盛んにアピールしている。金の蔵では、アプリをダウンロードして会員登録したら、お通し代２９０円が毎回無料になる特典や、月額２９０円でファーストドリンクが無料になる「ファーストドリンク定期券」を19年4月12日に追加。アプリのメリットを相次いで打ち出している。

同店のターゲットは20～30代の社会人で、客単価は２２００～２３００円と比較的安価だ。そうした客にとって、アプリをダウンロードするだけで、客単価の１割以上を占めるお通し代が無料になるインパクトは大きい。飲む量が少ない客の場合、ファーストドリン

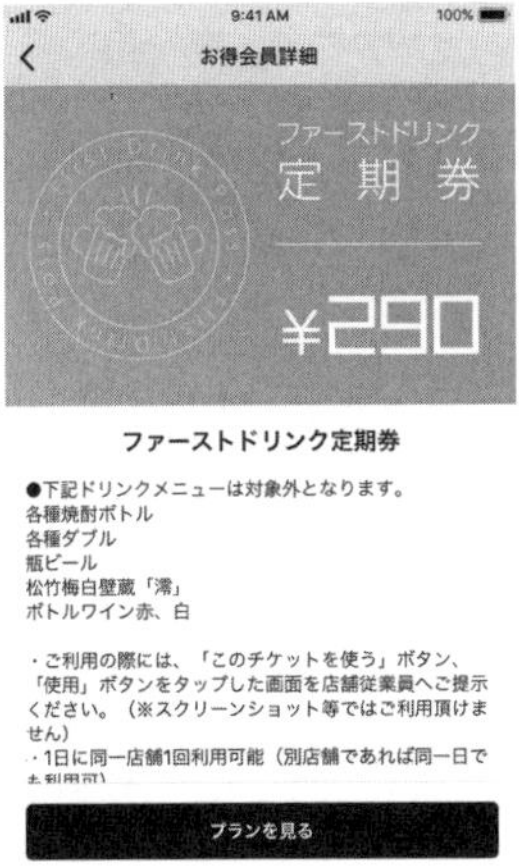

月額290円（税別）を支払えば、1杯目のドリンクが無料になる「ファーストドリンク定期券」も始めた

ク定期券を購入すればビール（390円）だけで元が取れる。

追加注文するので客単価は変わらず

これだけ大盤振る舞いをして、果たして店はもうけを出せるのか。「支払額が割り引かれる分、お客さまは料理やドリンクを追加注文する傾向がある。そのため定期券を導入しても客単価はこれまでと変わらないはず。アプリを使うお客さまの1回当たりの粗利はやや減るが、全体として来店頻度が上がり、売り上げが増えるので、店の粗利は増加する」と同社金の蔵ビジネスユニットマネージャーの福田啓佑氏は説明する。

同社がこうしたアプリ強化を進める要因の一つに、グルメサイトからの流入減がある。「ぐるなびやホットペッパーなどのグルメサイトからの予約件数がここ数年急速に減っている。お客さまは店がグルメサイトに掲載する情報よりも、実際に来店した人がコメントを多く投稿している食べログやSNSを店選びの参考にしている」と福田氏は説明する。

多くの外食企業と同様に、同社もグルメサイトからの集客に依存していた。若者を中心としたアルコール離れにグルメサイトの効果が薄れたことが重なり、既存店の売り上げは、前年比で95〜98%と低調だ。「コンビニやファミレスに客を奪われている状況があり、新規客を開拓するのは難しい。今いるお客さまに熱心なファンになってもらい、来店頻度を増やすことが大切」と福田氏は語る。そのための起爆剤として、お得なサービスを詰め込んだアプリを導入したのだ。

低コストのアプリ活用、他業態にも展開

こうしたグルメサイトに支払う金額は、多い店で月額40万〜50万円に達する。同社の店が最も多かった時期には、年間数億円に膨れ上がったこともあったという。一方、アプリの運用は、インサイトコア（東京・港）のアプリプラットフォーム「ＩｎｓｉｇｈｔＣｏｒｅ」を活用し

ている。こちらは、ユーザーがアプリを起動した回数によって課金される仕組みで、現在の支払額は、金の蔵全店で月額9万8000円。グルメサイトに比べて大幅に安い。

アプリは低コストで運用できるのに加えて、客の来店頻度を高める効果があると見て、同社は力を入れていく。晩酌セットの定期券や友達も一緒に飲み放題ができる定期券などのバリエーションを増やす他、将来的には、アプリから料理やドリンクを注文し、決済まで完了する機能を持たせる構想を描く。「アプリを他の業態にも広げ、グルメサイトの利用は今後縮小していく」と福田氏は語る。

ヘビーユーザーが満足し、売り上げ増に貢献する飲み放題サブスクは、今後多くの飲食店に広がる可能性がある。

Case02

キリンビール「ホームタップ」

月額制ビール　仕様改善1年を経て復活へ

工場直送のビールを家庭用サーバーで楽しめるキリンビールの「ホームタップ」。開始直後から申し込みが殺到したが、2017年秋から1年超にわたり会員募集を停止した。その裏にはサーバーの仕様の抜本的な見直しがあった。

1万5000人待ちの月額制ビールとして話題を呼んだキリンビールの「ホームタップ」が帰ってくる。

ホームタップは月額の会費を払うことで、家庭用ビールサーバーを借りられ、サーバー専用の「一番搾りプレミアム」が毎月届くサービスだ。ビールは工場から直送されるため、詰めたての味を家庭で楽しめる。この新しい価値は、ビール愛好家から支持を集めた。

キリンビールの「ホームタップ」は1年かけてビールサーバーを改善し、サービスを再開

「誰もが使えるサーバー」に

ところが好調ぶりとは裏腹に、キリンは2017年秋からホームタップの会員募集を停止した。1年以上も同サービスの再開に向けた情報提供がなかったため、消費者からはサービスの継続を案ずる声も上がっていた。

こうした中、キリンがついに再開に向けて動き始めた。19年1月中旬から抽選という条件付きではあるものの、再び会員の募集を始めた。当選者を新規会員として迎え入れ、19年4月にサービスを再開した。

サービス停止後、キリンが1年もの期

間を費やしたのがビールサーバーの改善だった。

「サブスクリプション型の事業は継続利用してもらうために、値段以上の部分でどれだけ価値を感じてもらえるかが肝になる」。キリンビールのマーケティング本部マーケティング部商品開発研究所商品開発グループ主査の落合直樹氏は、キリンのサブスク事業で最重視しているポイントをこう説明する。今後ホームタップの会員規模を拡大していくうえで、誰もが使えるビールサーバーでなければ、そうした価値は提供し続けられないと考えた。

顧客の元を訪ねて分かった改善点

ホームタップのコンセプトは「ニュー・ビア・エクスペリエンス」。価格だけ比較すれば、同じ量でも缶ビールと比較して倍以上の価格になる。既製品とは異なる新しい体験の提供ができて、初めてその対価を消費者から支払ってもらえる。その価値とは工場直送のビールを「誰でも簡単に」自宅で味わえること。まさしく、新しい消費体験を意識して開発されたサービスだ。

ところがサービス開始後、会員の意見から貸し出すサーバーに重大な課題点が見つかった。サーバーは当然誰でも使える設計を目指して開発した。そのはずが、実際の利用者からは、炭酸ガスが抜けてうまく注げないという意見が複数寄せられた。家族の中でも、使い慣れた旦那しか注げない。会員の中にはそんな家庭もあったという。

その理由は単純だった。ビールを注ぐノズルのキャップをきちんと閉めないと、ガスが抜けて注ぎにくくなる構造だった。きちんと使えば、何の問題もなく利用できる。ところがキリンはこれを重大な欠陥と捉えた。

「社内ではタンク・トゥ・グラスと呼んでいるが、商品の配送からグラスに注がれるところまで責任を持って満足いただける体験を提供しなければならない」（落合氏）。最後のグラスに注ぐタイミングで体験を損なっていては、トータルの体験価値にも大きな影響を及ぼす恐れがある。「今改善しておかなければ、事業規模が拡大したとき、さらに大きな問題になる。だからこそコストを惜しまず改善すべきだと判断した」（落合氏）。

ではどこに問題があって、注げないのか。その原因を究明すべく、キリンは多くの利用者の自宅を訪問。ホームタップの使い方を調査して回った。すると、先述したキャップの閉め損ないなど、ほんのわずかなミスで炭酸ガスが抜けてしまい、注ぎにくくなることが分かった。

開発者であるキリンの担当者は機器の扱いに慣れているから、そうした短所には気付きにくい。顧客の元を訪れて、初めて改善すべきポイントが分かった。ホームタップは直販だからこ

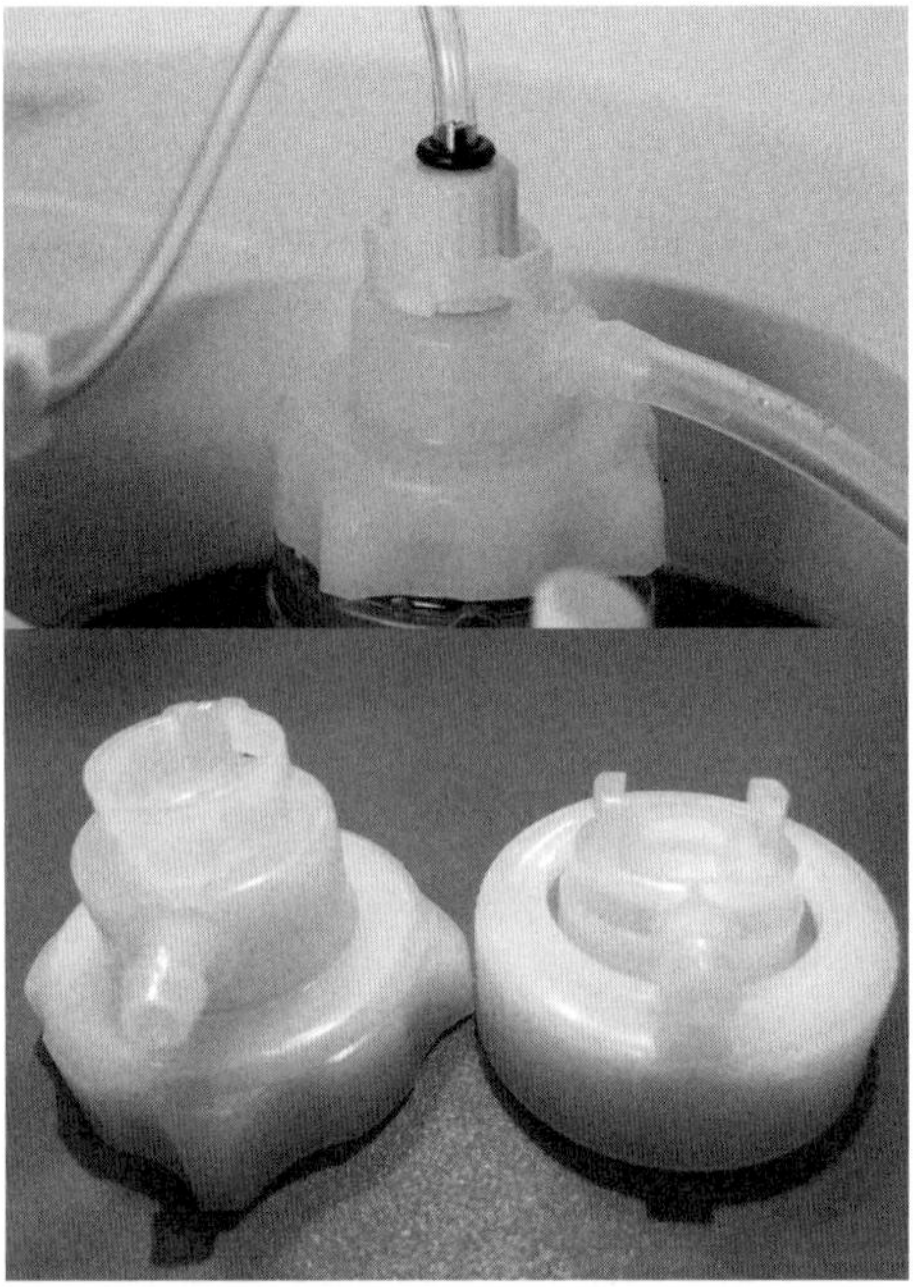

キリンは2018年に1年をかけて、ホームタップのビールサーバーの仕様を刷新。キャップの形状変更はその一例だ（上）。下写真の左が改善後のキャップ、右が従来型のキャップ

そ、従来メーカーは持ちにくかった顧客と直接の接点を持てる。これが改善点の早期発見につながった。

そこで、ビールサーバーの仕様の抜本的な見直しを行った。ノズルのキャップを刷新した他、炭酸ガスが漏れにくいよう改善を施した。「見た目は同じだが、中身は従来とは大きく異なる」と落合氏は言う。誰でも使えるビールサーバーの再設計に1年を費やした。

600円の値上げに踏み切ったワケ

もっとも、社内からサービス継続を案ずる声が上がらなかったわけではない。ここで開発陣の心の支えとなったのも顧客の声だった。「本来であればビールがうまく注げないという欠点は解約に直結するはず。ところが満足度調査では8割超が満足していると答えてくれる」（マーケティング本部マーケティング部商品開発研究所の松井香菜氏）。

受付停止前の会員数は約1800人。現時点でも8割超の1500人が契約を継続している。ビールの味やサービスそのものは非常に満足度が高い。だからこそ、サーバーを見直して、タンク・トゥ・グラスの体験を磨くことで、さらに継続性の高いサービスになると考えた。

ただし、再開に当たっては価格を600円値上げして、月額7500円（税別）で提供する。配送コストの上昇やサーバー改善費用などを吸収するためだ。「顧客からはお叱りの声もいただいているが、継続的にサービスを提供し続けられるかどうかが重要になる」（落合氏）と考え、サービスを安定供給するために値上げに踏み切った。それでも、会員受付の停止前に登録してくれた、1万5000人のメール会員に優先的に再開の案内をしたところ、既に2000人を超える応募が集まっているという。ホームタップに対する期待の高さがうかがえる。

「それぐらいの人数であれば、年内の早い段階で会員になっていただける」（落合氏）。既存会員と合わせれば、全部で3500人になり、単純計算で3億円超の事業となる。連結売上高が2兆円を超えるキリンの企業規模を鑑みれば、たかが3億と思われるかもしれない。しかし、サービスの継続率を高めていくことで、翌年度以降も安定的に収益が得られる基盤となる。だからこそ、サブスクは継続率が重要な指標になる。それ故、1年以上も新規受付を停止して、時間を惜しまずサーバーを改良した。

生活にインストールし、消費を促す

継続率を高めるうえで今後の課題は、届けるビールをきちんと消費してもらうこと。「消費が追いつかないと、単に高単価なビールが毎月送られてくるだけのサービスという印象に陥りやすい」（落合氏）。そうなると、コストパフォーマンスが悪いと判断されて、解約につながってしまう。

利用者の中には長期休暇に合わせて追加のビールを注文して、ビールサーバーごと実家に持ち帰る人もいる。サーバーから自分で注ぐ体験が人と人のコミュニケーションの活性化につながる。あるいは毎週水曜日を「ホームタップの日」と定めて、週半ばの自分への褒美代わりに飲む人もいる。そうした、さまざまな利用シーンを伝えることで、利用者の生活にホームタップを〝インストール〟することで、継続率の向上を狙う。

Case03

パナソニック「The Roast」

「家電＋極上コーヒー」で狙う第4の波

厳選されたコーヒー豆が毎月自宅に届き、〝世界一の焙煎技術〟で極上のコーヒーが飲める——。パナソニックが「The Roast」というサービスでサブスクリプションに挑んでいる。なぜコーヒー焙煎に狙いを定めたのか。

「あらゆるモノがネットにつながる『IoT』と調理家電を掛け合わせたら、何ができるか」。生活家電を手掛けるパナソニックのアプライアンス社が導き出した答えは、意外にもコーヒーによるサブスクだった。

「The Roast」は、1台10万円（税別、以下同）の〝スマート〟コーヒー焙煎機と、定期頒布のコーヒー豆（生豆）をパッケージ売りするサービス。契約すれば、1袋200グラムの豆が毎月、複数届く（2種は月額3800円、3種は同5500円）。利用者は、パッケ

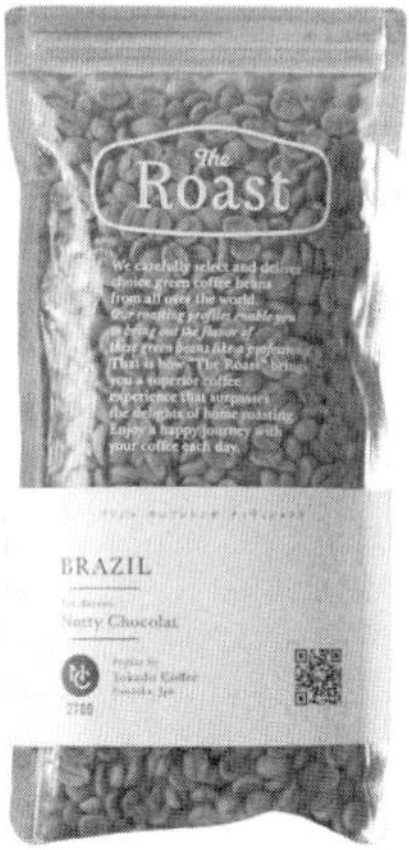

パナソニックは、コーヒー焙煎でサブスク事業を展開。「世界チャンピオンの技を自宅で再現できる」のが売りだ。1袋200グラムの生豆が毎月2種または3種届く。生豆は世界各地から厳選したスペシャルティコーヒー

ージのQRコードを、専用のスマホアプリで読み込み、焙煎機に生豆をセット。アプリの「ロースト開始」ボタンを押すだけで、本格的な自家焙煎ができる。

「ハードウエアだけではだめだ」

パナソニックはなぜ、コーヒーの、それも焙煎というニッチな分野を選び、しかもサブスクというビジネスで攻めようと思ったのか。プロジェクトの事業リーダーを務める井伊達哉氏が、その理由を語った。

「これまでのように、ハードウエアを作って売るだけではだめだという危機感があった。調理家電を進化させ、新しい食のサービスを提案したかった」

コンビニコーヒーが起爆剤となり、日本のコーヒー消費量は順調に伸びている。しかし、これほど日常生活に溶け込んだ存在でありながら、本当においしいコーヒーを家庭でいれるには高度な技術が必要で、それは素人にはまねできない。そこを、家電メーカーであるパナソニックが解決すれば、新たな価値を生み出せるのではないかと考えた。

「実は、コーヒーの味は、生豆と焙煎で9割決まる。いくら最後の抽出を頑張っても、豆選びと焙煎をおろそかにすると、おいしいコーヒーは飲めない。しかも、一旦焙煎したら酸化が進み、2週間以内に飲まないと、味や香りが損なわれてしまう」（井伊氏）。焙煎の精度を磨き、高品質な豆を供給し続ければ、新たなニーズがつかめ、継続利用も見込めるかもしれない。それは、家電の「売り切り型」で成長してきたパナソニックにとって、最も欲しい顧客だった。

実際、パナソニックは「CLUB Panasonic」という会員サイトを運営しているが、登録率は低い。新サービスと会員登録をひも付ければ、利用者の属性を詳細かつ正確につかめ、きめ細かくサービスを改善できる。その結果、満足度が高まれば、さらに継続率を伸ばすことも可能だと考えた。

本当の価値はプロファイルにある

実は、今回の焙煎機は自社開発ではない。英国のスタートアップIKAWAと手を組み、IKAWAの製品をベースにチューニングを重ね、徹底的に性能の均質化を図ったのだ。自前主義を捨てた結果、通常は4年かかる開発を、2年に縮めることに成功したという。

さらに、毎月届ける生豆は専門商社である石光商事（神戸市）が卸す。ハードウエアで他社の協力を受け、豆の仕入れも専門業者が担う。では、パナソニックにとって何のメリットがあ

焙煎機はボタンが1つだけのシンプルなデザイン。きめ細かく温度や風量を制御して生豆の特徴を引き出せるように調整を重ねた

って、このビジネスを始めたのか。ここに、この事業のポイントが隠されている。

主役となるのは、焙煎プロファイル（焙煎工程のプログラム）だ。パナソニックは、単に豆を流通させているのではなく、焙煎工程をデータ化したプロファイルをパッケージにのせて届けている。いわば、焙煎技術という「レシピ付きの豆」で付加価値を出しているのだ。

しかも、単なる焙煎ではなく、「世界一の焙煎」だ。パナソニックは日本人で唯一、コーヒー焙煎の世界大会を制した豆香洞コーヒー（福岡県大野城市）の後藤直紀氏にプロファイルの作成を依頼。後藤氏が豆ごとに温度、風量を細かく調整して作ったプロファイルが、春夏秋冬、どんな地域でも寸分の狂いもなく動くよう、焙煎機を制御した。すべては、世界一の焙煎技術を完全にコピーできる世界を創るためだ。利用者はスマホの専用アプリでQRコードを読み込むだけで、プロによる複雑な焙煎工程をいとも簡単に再現できる。パナソニックはまさに「新しい消費体験」を掲げ、勝負を仕掛けたと言える。

そして、この勝負は、コーヒーだけにとどまらない可能性を秘める。プロファイルが世の中で価値あるものだと認められれば、プロファイルを軸に、他の食材、他の調理家電を組み合わせることで、新しく、付加価値の高い食のサービスを次々と展開できるのだ。

「まだもう少し頑張らないといけない」

今回のThe Roastで、パナソニックはいかに利益を上げるのか。まず焙煎機では、大きな利益は望めない。先述した通り、自前で開発しておらず、提携先のIKAWAの焙煎機も市販で10万円を軽く超えるのが普通。10万円という価格設定で利ざやを出すのは難しいと見られる。

一方、豆の価格は100グラム換算で1000円前後。生豆としては高額で、プロファイル分の価値を上乗せし、パッケージとして利益を出そうとしている。もっとも、事業を軌道に乗せるには「規模の経済が必要」（井伊氏）。ある程度の契約数の上積みと、高い継続率が求められる。

ＴｈｅＲｏａｓｔを始めたのは、２０１７年6月だった。1年半たった今、手応えはどうか。井伊氏はやや苦笑して言葉を継いだ。「まだ、もう少し頑張らないといけないところでしょうか」。利用は40代以上の男性が中心で、継続率は約8割と高い。作り込んだかいはあったと感じる一方、好調とは言い難い。

そもそも、日常的にコーヒーを飲む人が多いとはいえ、家庭での焙煎需要は極めて低いのが現実だ。自宅でドリップを楽しむ人も、あらかじめ店で焙煎された粉を使うのが一般的で、「粉から豆へ」と目を向けさせるハードルは、予想以上に高かった。

豆は1袋２００グラム入りで、1杯当たり１００円程度と、コンビニコーヒーと同水準。しかも、飲めるのは世界チャンピオンが焙煎したコーヒーであり、焙煎度は浅煎り、中煎り、深煎りの3段階から選べる。焙煎機も、プロ仕様の業務用なら大型で数百万円、小型機でも50万～１００万円が相場。コストパフォーマンスは、悪くないという見方もできるが、井伊氏によると、10万円というイニシャルコストを見て、反射的に高いと感じた人は多かったようだ。

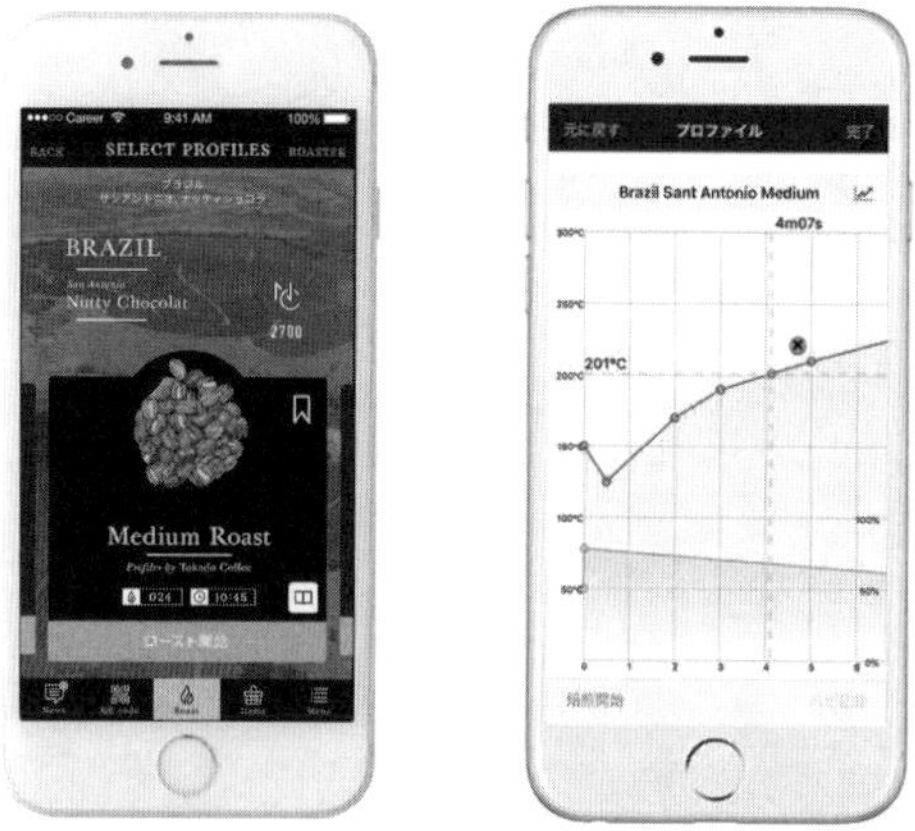

ベーシックサービス（左）では後藤氏の焙煎プロファイルを選ぶ。エキスパートサービス（右）では、専用アプリで温度、時間、風量を細かく設定し、自分だけの焙煎プロファイルを作成できる

プロから見れば「格安」サービス？

パナソニックは18年12月、新たな展開として、The Roastに「エキスパートサービス」を追加した。上級者向けのパッケージで、価格は25万円。従来のプラン（ベーシックサービス）と比べると実に15万円の開きがある。

その差はどこにあるのか。実は、焙煎機（＝ハードウエア）はベーシックサービスと同じ。大きな違いは、アプリで自分好みの焙煎プロファイルを作成できるかどうかの1点にある。豆の定期購入は不要で、好きな豆を自由に試せるのだ。「ハードを変えずに価値を加える」新たな試みとして、井伊氏は提案したが、価格設定も相まって社内では散々な反応だった。「あほか。そんなん、誰が買うねん！」の大合唱だったという。

しかし、蓋を開ければ、これが計画以上のペースで売れている。The Roastは、一般人の知名度はまだ低いが、プロの認知度は比較的高かった。特に焙煎機の性能には定評があり、喫茶店のマスターを中心に「自分なりにいろいろと焙煎を試したい」というニーズをつかんだのだ。

先述した通り、相場を知るプロにとって25万円は破格である。業務用焙煎機は手早く大量に焙煎できる一方、少しだけ焙煎したいときには不向きだった。その点、パナソニックの焙煎機は、新しい生豆を少しだけ試す「サンプルロースター」にもちょうどいいサイズとして、受け入れられた。

このように、プロには根強い需要がある半面、一般人には思うように響かない。ここに、この事業の壁がある。パナソニックは、その壁を乗り越えるべく、上から攻める方針に切り替えた。エキスパートサービスの利用店をピックアップし、カフェで焙煎の奥深さを体感してもらう。後藤氏の他、ラテアートやバリスタの日本チャンピオンら「コーヒーのプロ」を集めたファンサイトも開設。ネットと店舗の双方で「コーヒーコミュニティー」を拡大し、焙煎へと関心を広げてもらう作戦だ。

狙うはコーヒーの「第4の波」

パナソニックは今回のサービスで、コーヒーブームの「フォースウエーブ（第4の波）」に乗ることを期待する。豆の産地や種類を厳選し、豆の個性を引き出して抽出する「サードウエーブ（第3の波）」の先に、豆の焙煎度や鮮度に着目して自ら焙煎する、「自家焙煎」の波が押し寄せると見ているのだ。

その起爆剤になりそうなのが19年2月28日、東京・中目黒にオープンした「スターバックスリザーブ ロースタリー 東京」だ。焙煎工場併設のスタバは日本初、世界でも5カ所目。「世の中のトレンドが、焙煎（ロースト）に向かう確信は持っている。その波に乗っていきたい」（井伊氏）。

焙煎の認知度が高まれば、この事業も拡大する可能性を秘めている。焙煎の醍醐味を知れば知るほど、価格やサービスに魅力を感じる人が増えるからだ。パナソニックにとって今回のサブスク事業はあくまでも「第1弾」。ここで成功することが、新たな食材で、新たな調理家電で、とビジネスを広げる道を開く。

interview

先駆者オイシックス「マスは狙わない」

オイシックス・ラ・大地執行役員　西井敏恭氏に聞く

野菜の定期宅配サービス「Oisix」を提供するオイシックス・ラ・大地は、サブスクリプション事業の先駆けだ。同社執行役員の西井敏恭氏は購入を超えた価値の提供が、サブスク事業では必須だと言う。そのうえでデータで顧客を理解して、サービスを顧客にフィットさせ続けることが重要になる。成功の秘訣を聞いた。

――オイシックスは月額制サービスの先駆けです。サービス開発で重視する点を教えてください。

サブスクで重要なのは「購入」を超えた価値を提供することです。オイシックスでは提供すべきポイントを商品の選択ではなく、「暮らしの選択」を目指しています。時短につながる、安心安全な野菜を食べられるという商品価値だけではなく、オイシックスを使っている自分を

オイシックス・ラ・大地 執行役員CMT（チーフ・マーケティング・テクノロジスト）の西井敏恭氏

好きになる。そんな価値提供を目指しています。

細かいアップデートこそ利点

サブスクに挑戦して、早めに諦めている企業はその価値提供まで腰を据えて考えられていない印象です。定期的に販売があると収益が安定する、そこだけを見ていては利用につながりません。

例えば、（月額制音楽ストリーミングサービスの）「Spotify」は音楽を発見することを価値としています。私のような年齢になると、若い頃に聴いていた音楽ばかり聴きがちです。Spotifyは、利用データから趣味嗜好を分析して、新しい音楽をレコメンドしてくれるため、最近の音楽を知ることができる。単なる「月額制の音楽聴き放題」を超えた価値を提供しています。

――他社とは異なる価値を提供しなければ選ばれにくいのは、普通のEC（電子商取引）サイトでも同様だと思います。サブスクはECと何が異なるのでしょうか。

最大の違いはデータがたまる量です。音楽は、物販のECだと購入のタイミングでしか（深い興味関心につながる）データを取れません。聴き放題サービスなら、常に聴いている音楽のデータを蓄積できます。オイシックスなら、（ユーザーが）定期ボックスの中身を配送前に入れ替えられるため、そのデータを分析することで、好みを把握できます。

サブスクのいいところはプログラムと同じで、細かくアップデートしていけることです。日本全体のマーケティングで課題に感じているのは、プロダクトアウト型でまず商品を作り、次にプロモーションをして売り上げを作るという考え方がまだまだ大きいところです。こうした、プロダクトアウト的思想ではサブスクは成功しません。

会員数が増えるほど、どうしてもサービスに合わない顧客が現れ始めて、継続率が減少する傾向にあります。そこで、新たに生まれたニーズに対してサービスをフィットさせていくことで、全体の継続率を上げていく必要があります。

社長も毎月必ず顧客の自宅を訪問

そのためにデータを蓄積して分析するだけではなく、利用者へのインタビューも徹底して行います。社長（高島宏平氏）ですら、月に1回は必ず顧客の自宅を訪問します。

新サービスを作るときには、顧客に対して何度もインタビューをします。一部の顧客を対象に限定的にサービスを提供し、1年近く顧客の声を基に改善を加える。こうして、ようやく本格展開に至ります。

例えば、子供の生まれ月を決めると、子供の月齢に合わせて母親が食べるべき食材を管理栄養士が提案する「プレママ&ママコース」というサービスを提供しています。このサービスは2013年にサービスを開始していますが、その前に一部の顧客を対象にサービス提供して、サービス改善を繰り返しました。サービスレベルが上がり、やみつきになるサービスになって、初めて拡大の見込みが立ちます。

社長直下のサービス進化室という部門は、顧客にフィットさせることを専門とした組織です。

商品、サービス、新たなUI（ユーザーインターフェース）を開発して、顧客のニーズに合わせることに力を入れています。

熱狂的な顧客を作れるか

――顧客にフィットさせるための新サービスは、どのようにして生まれるのでしょうか。

サービス開発のヒントとなるのは定量的なデータよりも、定性的な意見がきっかけとなることが多い。

ポイントは「熱狂度」です。10人に1人でも、そのサービスがないと生きていけないというぐらい、熱狂的な顧客が作れるサービスであることがまず重要。そういう顧客がいれば、今度はその顧客と同じ属性の人が市場に何人ぐらいいるかをアンケートなどを実施して推測します。こうして市場規模を算定して、そのサービスの成長性を見極めます。

定性的な意見を重視する理由は、モノのサブスクはマスを狙うのではなく、社会課題の解決につながるサービス作りを心がけるべきだと考えているからです。それが結果的にマスになることもある。

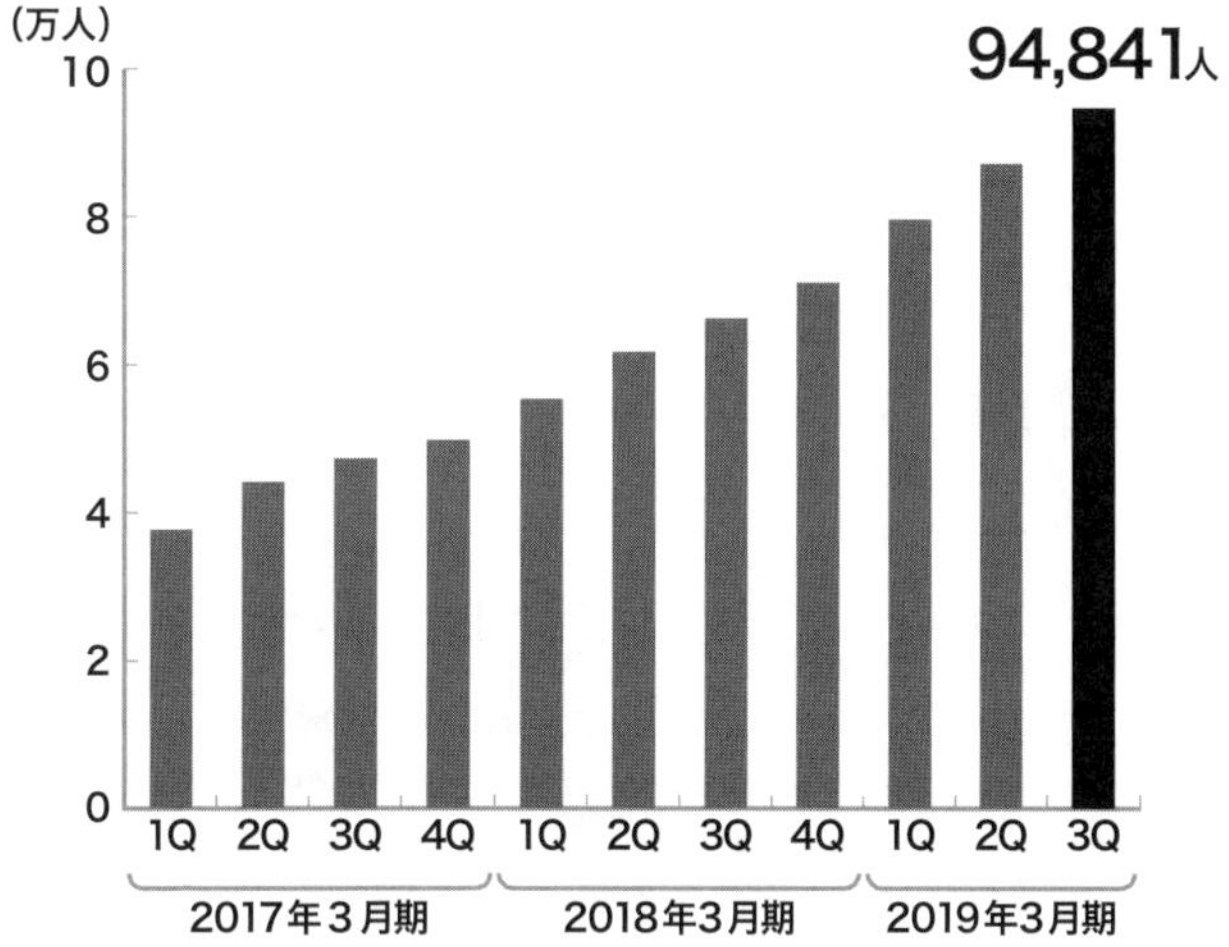

「KitOisix」は利用者が9万人を超え、オイシックス・ラ・大地の事業の柱の1つに育った

ミールキットの「Ｋｉｔ Ｏｉｓｉｘ」は利用者が９万人を超えるなど好調ですが、提供した当時は「安心安全な食材」に対する価値を感じる人がすごく多く、「時短」というニーズはそれほど高くはなかった。ですが、一部の顧客からはとても好評でした。そうした顧客と一緒に、より良い商品作りをしていきました。

――サブスク事業を展開するうえで、重視している指標を教えてください。

ＬＴＶ（顧客生涯価値）と顧客数を最も重要な指標として見ています。具体策として、解約率の低下に注力しています。

例えば、サブスクモデルのため毎月商品

を届けますが、届ける商品のカスタマイズを事前にしない利用者は、解約しやすくなるというデータが出ています。ですから、定期ボックスの中身を変えるのを忘れた、そのまま出荷されそうな顧客にはアラートを出すなどして注意を促しています。

野菜をカレーにされるのが一番困る

申し込みから最初の1カ月間の利用率がその後の継続に大きな影響を及ぼすため、会員登録してから日が浅いビギナー会員の段階では、成功体験を早めに作ることを心がけています。成功の定義は顧客によっても異なりますが、夫においしいと言ってもらえたり、子供が野菜をおかわりしたりするなど、第三者から褒められることが大きなポイントです。これにより、オイシックスを使うことで暮らしが変化していることを、実感してもらえるからです。

最も困るのは野菜をカレーにされてしまうことです。にんじん、じゃがいもがセットに含まれていると、ついカレーを作りたくなってしまう。ですが、それでは素材の味が生きません。にんじんならゆでて塩だけで食べたほうが、これまでの野菜と違いが分かりやすい。ですから、最初のセットを届けるときに生産者のメッセージと共に、ほうれん草なら生でオリーブオイルと塩だけで食べてください、といったように食べ方を指定します。

使い慣れた顧客は自分で自由に料理を作ってくれますが、成功体験を生み出すまでは使い方を訴求することが継続率を高めるうえで、非常に重要です。

Chapter03

住

「住」分野のホットトピックは「住み放題」だ。若者の支持を集めるシェアハウスとコワーキングスペースの利点を併せ持ち、「全国好きな場所を移動しながら仕事、生活がしたい」というニーズに応える新サービス「ＡＤＤｒｅｓｓ」に応募が殺到。全国に２０００万件あるという空き家の有効活用や地域活性化への貢献にも期待が集まっている。家具やシャンプーなど日々の暮らしに必要な商品にもサブスクリプションサービスへの挑戦は広がっているが、一筋縄ではいかない。そこには学びの多い試行錯誤の取り組みがあった。

Case01

アドレス「ADDress」

月4万円で多拠点に居住　空き家問題に挑む

「全国好きな場所を移動しながら仕事、生活をしたい」。そんなライフスタイルをかなえるサービスが登場した。「ADDress」は、地方の空き家や遊休別荘を募って改装した物件に月4万円（税別）で住み放題になる。地方活性化にも期待がかかる。

1つの住居を複数人で共有して暮らす「シェアハウス」、オフィス環境を共有してパソコン作業や打ち合わせなどに使える「コワーキングスペース」が、若者層を中心に浸透して利用が進んでいる。ただ、シェアハウスは基本的に一拠点の契約で場所に縛られる。またコワーキングスペースは複数拠点が使い放題になるプランもあるが、寝泊まりはできないといった制約がある。

「全国好きな場所を移動しながら仕事、生活したい」「週末は都心を離れて田舎暮らしや読書を楽しみたい」――。そんな希望がかなう、シェアハウスとコワーキングスペースの〝いいと

（写真提供／アドレス）

こ取り〟したようなサービスが２０１９年４月から始まった。定額制で全国の契約施設にどこでも住み放題の多拠点コリビングサービス「ＡＤＤｒｅｓｓ」がそれだ。

13拠点、家族で滞在も

　４月に第１弾として、物件13カ所を用意し、年会費48万円（月４万円。税別、以下同）の利用料でサービスを開始した。１親等以内は無料なので、家族で滞在できる。

　物件の所在地は、千葉県南房総市、千葉県一宮市、神奈川県鎌倉市、静岡県南伊豆町、群馬県長野原町、福井県美浜町、徳島県美馬市、徳島県三好市、鳥取市など。主に都市部からの週末の利用を想定している。

2019年4月から全国13拠点でスタートした（写真提供／アドレス）

各拠点は、地方の空き家や遊休別荘を募って購入またはサブリースで確保し、リノベーションする。物件コストを抑えつつ個室を確保し、共有のリビング・キッチン、家具、Wi-Fi、光熱費、アメニティー、清掃まで料金内で提供する。

また、お試し用として月額5万円プランの他、月額8万円の法人会員プランも用意。ユニリーバ・ジャパン・ホールディングス、リクルート住まいカンパニーなど5社が参画する。

シェアビジネスの伝道師が企画

ADDressの運営は、18年12月に設立されたアドレス（東京・千代田）。同社社長の佐別当隆志氏は、ソーシャルメディア活用支援やシェアリングサービスを展開するガイアックスでブランド推進室に所属する傍ら、シェアハウス「Ｍｉｒａｉｅ」を運営し、16年1月にシェアリングエコノミー協会を設立して事務局長を務めているシェアビジネスの伝道師だ。

佐別当氏は、「今まで私たちは、家は1つ、住所も1つ、それが当然と思っていた。だがインターネットでどこでも仕事ができるようになり、場所に縛られない生き方が可能になっている。自宅だけでなく、さまざまなエリアにある家をシェアして、お気に入りの場所で過ごし、そこで生まれる滞在者や地域とのコミュニティーが地域の活性化にもつながる。そんな受け皿を作りたい」と意気込む。

若い層を中心に地方での暮らしに対する関心は高まっている。内閣府が14年に実施した「東京在住者の今後の移住に関する意向調査」によると、東京都から移住する予定または移住を検討したいと思っている人は40・7％。10～20代では46・7％と高い数字が出ている。

一方、少子高齢化を背景とした空き家の増加が社会問題化している。野村総合研究所の予測によると、33年には空き家数が2166万戸、全住宅の3割が空き家になる見込みだ。

地方での生活に興味がある若者は一定数いて、空き物件もある。ただし、1カ所に縛られる完全移住はハードルが高い。また、空き物件は部屋数が多く、都心のようなワンルームタイプ

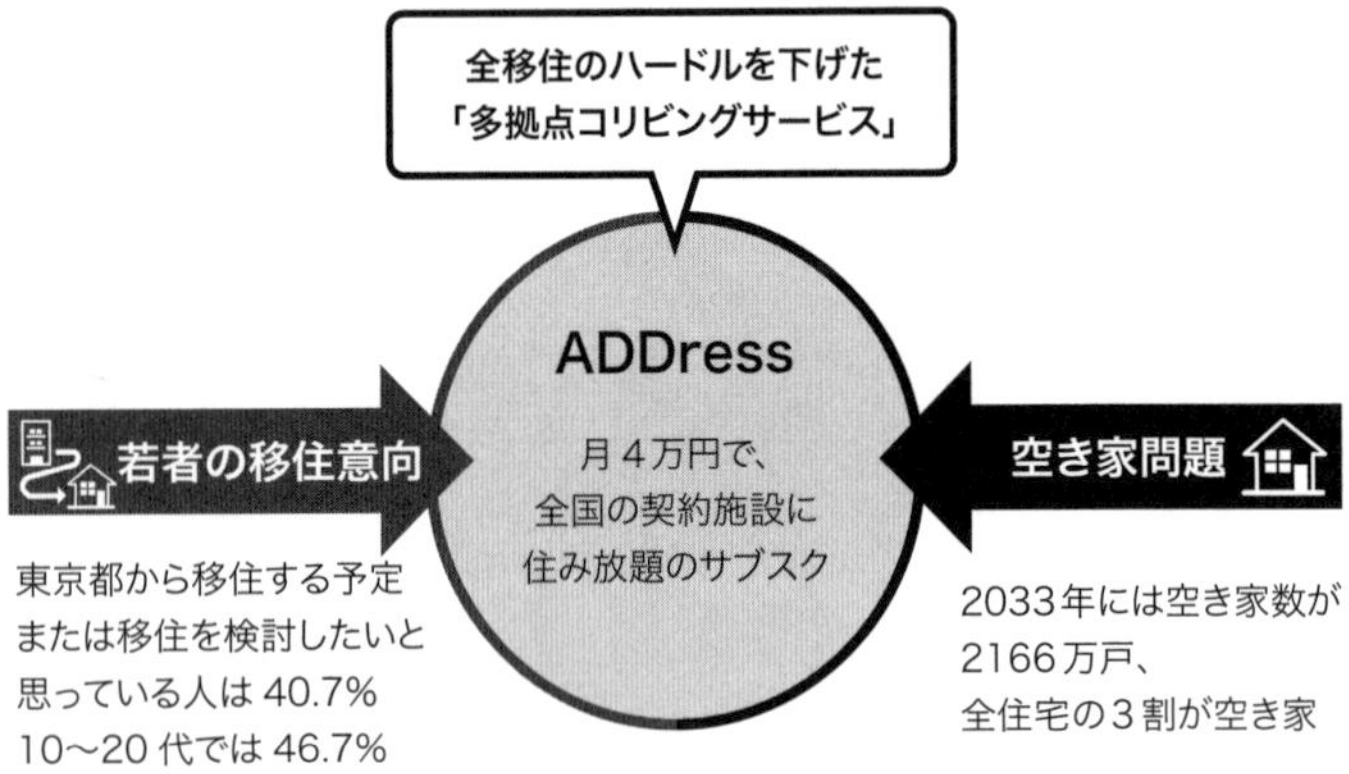
全移住のハードルを下げた
「多拠点コリビングサービス」
ADDress
月４万円で、
全国の契約施設に
住み放題のサブスク
若者の移住意向
東京都から移住する予定
または移住を検討したいと
思っている人は 40.7%
10～20 代では 46.7%
空き家問題
2033年には空き家数が
2166万戸、
全住宅の３割が空き家
若者の移住意向と空き家問題をマッチングして「ADDress」は生まれた

はほとんどない。そこで、多拠点居住のシェアサービスとして提供し、都心部と地方が人口をシェアリングすることで、「空き家問題」の解決にも貢献しようという考えだ。

その考えが「多拠点コリビングサービス」に込められている。リクルートホールディングスも、18年末に発表した「2019年のトレンド予測」で、都心と田舎の2つの生活＝デュアルライフ（二拠点生活）を楽しむ人を意味する「デュアラー」を挙げていた。

1100人超の応募・問い合わせ

同社は18年12月20日からサービスを利用したい会員希望者30人を募集したところ、既に1100人以上の応募・問い合わせがあり、20～30代が

70％超を占めたという。反響を受け、当初5拠点で開始予定だったが、13拠点でスタートすることになった。

物件所有者・提携先の開拓のため、空き物件を購入・リノベーションして販売するカチタス（群馬・桐生）や、不動産情報サイト「東京R不動産」を運営するR不動産（東京・渋谷）などの物件調達パートナーから協力を得る。

また、地方自治体との連携にも取り組み、第一号として、滋賀県大津市と提携を発表。空き家になっている町家や琵琶湖畔の遊休企業保養所を活用し、定住でも観光でもない関係人口を増やして、街の活性化に取り組む。

佐別当氏は「サービス名のADDressは、住所をADD（追加）できる、という意味で名付けた。地域住民の方々にとっても、常連の来訪者がいると安心感がある。イベントなども行って街の価値を上げてほしい」と青写真を描く。目標は、「30年に会員100万人、拠点数20万軒、100万室」（佐別当氏）と大きいが、「これでも空き家2000万軒の1％」だという。

早くも競合サービスが登場

同社の株主には、佐別当氏が所属するガイアックスの他、自ら3拠点に滞在しながら活動するITジャーナリストの佐々木俊尚氏ら個人も名を連ねる。また、クラウドファンディングサイト「CAMPFIRE」を運営する家入一真氏、Satoyama推進コンソーシアム代表の末松弥奈子氏ら、シェアリングや地方創生で知見を持つ有識者がアドバイザーとして参画している。

他にも多拠点住み放題サービスが動き始めている。長崎市のスタートアップ企業KabuK Styleが定額で世界中に住み放題をうたう「HafH（ハフ）」を19年4月に開始。19年1月8日に1号店を長崎市内にオープンし、クラウドファンディングサイト「Makuake」を通じて約400人から1000万円超の支援を受けた。ゲストハウスの運営会社などと提携して拠点を増やしていく。

19年は住まいのシェアリング、コリビングサービス元年になるかもしれない。

Case02

subsclife「subsclife」

家具もサブスク　ビジネス需要も視野

家具のサブスクリプションサービスに挑戦するベンチャー企業も登場している。subsclife（旧カマルクジャパン）は2018年9月13日から、月額制で好きな家具を借りられるサービス「subsclife」を開始した。

subsclife（東京・渋谷）は2018年5月に自社生産の家具のサブスクリプションサービスを開始したものの、「家具のレンタル」に対する消費者認知そのものが極めて低いという課題にぶつかった。認知の向上には商品ラインアップを拡充して、選択肢の幅を広げることが不可欠と判断。そこでサービス名をsubsclifeへと改め、自社製品にこだわらず、さまざまな家具を月額制で利用できるサービスへと刷新した。

刷新に伴い「journal standard Furniture」「ACME Furniture」といった他社製品の取り扱いを始めた。これにより、subsclifeでは生産していなかっ

subsclifeは2018年9月13日から、月額制で好きな家具を借りられるサービス「subsclife」を開始

たベッドやソファなどの大型家具を中心にラインアップを大幅拡充。従来の約30商品から、200商品へと商品数を拡大させた。

subsclifeは商品ごとに月額で支払う金額が決まっており、借りたい商品を組み合わせることで料金が決まるのが特徴だ。借りたい商品と、レンタル期間をあらかじめ決めてから借りる。ただしレンタル期間は最短で3カ月、最大で24カ月となる。期間が短くなるほど月額費用は上がる。

これはレンタル期間で、希望小売価格の8割を支払う設計になっているからだ。つまり、金利や手数料のかからない事実上の分割払いと言える。利用者は長期間にわたって借りれば、その家具に飽きたとしても買い換えることなく新しい家具を利用できる。支払う額も希望小売価格の8割で済むため、ややお得になる。

継続利用、交換、買い取りの選択肢を用意

安価なものでは椅子を一脚、月額700円以下（税込み）から借りられる。一方、本革のソファなど高価な商品では月額1万円を超えるものもある。幅広い商品を取りそろえることで、多様な利用者のライフスタイルに対応することを目指した。サービス開始から1週間程度だが、ダイニングチェアは需要が高い傾向にあるという。

「個人でもライフステージの変化などに合わせて、臨機応変に使う家具を選ぶサービスは消費者側のメリットも大きいはずだ」。subsclife代表取締役の町野健氏は、サービス開発の背景をこう説明する。

subsclifeでは設定した利用期間の終了後に返却以外にも継続利用、交換、買い取りといった選択肢を用意している。subsclife側は商品の「利用」と「所有」というように商品利用の選択肢に幅を持たせることで、購入のハードルを下げられるメリットがある。

例えば、賃貸マンションの契約満了時期にレンタルの終了予定日を合わせることで、引っ越す際に新しい部屋のサイズに合わせて借りる家具を交換するといった具合に利用できる。もし

subsclifeでは椅子を一脚、月額700円以下から借りられる

借りた家具を気に入った場合には、それまでに支払ったレンタル料と希望小売価格の差額を支払うことで購入することもできる。

また、新たな需要の発掘にもつながった。subsclifeは消費者向けを想定してサブスクリプションサービスを開発したものの、開始後に想定以上にオフィス家具レンタルの需要も高いことが分かった。移転時や創業時などで、一気に家具を取りそろえようとすると初期費用がかさむ。「当社のレンタル家具なら、その費用を数十分の一以下に抑えられる」（町野氏）ことが大手、中小問わず、引き合いにつながっているという。BtoBの利用も収益の柱に育てたい考えだ。

Case03

Sparty「MEDULLA」
月額制シャンプー　倒産目前からの復活

ベンチャー企業のSpartyは2018年10月、展開する月額制シャンプーの商品製造の委託先が、製造免許の偽造で東京都から摘発され、サービス停止を余儀なくされた。倒産目前からの復活には、顧客からの熱い支持があった。

Sparty（東京・渋谷）は顧客の頭皮の状態や髪質に合わせて、適切な調合のシャンプーを届ける月額6800円（税別）のパーソナライズドシャンプー「MEDULLA（メデュラ）」を2018年5月から展開している。その調合の種類は実に100超。これを工場で製造仕分けて、送り届ける同社の事業は実現難度が極めて高い。さまざまなメーカーに委託を持ちかけたものの製造を断られ続け、ようやく見つけた事業者も免許の偽造で摘発された。高い商品体験価値を作るための壁を、Spartyはいかにして乗り越えたのだろうか。

5つの色や香り、界面活性剤や油の量でメニューが作られている

7つの質問で処方

まず、サービスの仕組みを紹介しよう。

サービス登録時に髪の長さ、頭皮の状態、髪の太さ、「つやつや」「まとまり」「さらさら」といったなりたい髪質など、7つの質問に回答してもらう。回答を進めていくことで分岐していき、たどりついた先が処方すべきシャンプーという、簡単に言えばあみだくじ方式で顧客に適したメニューが決まる。メニューは顧客に適した洗浄成分である界面活性剤、油の量、香りや色などの組み合わせで作られている。

同社では髪に関わる因子を30個ほど選出したが、質問が多すぎると登録の手間から離脱してしまう恐れがあるため、まずは少

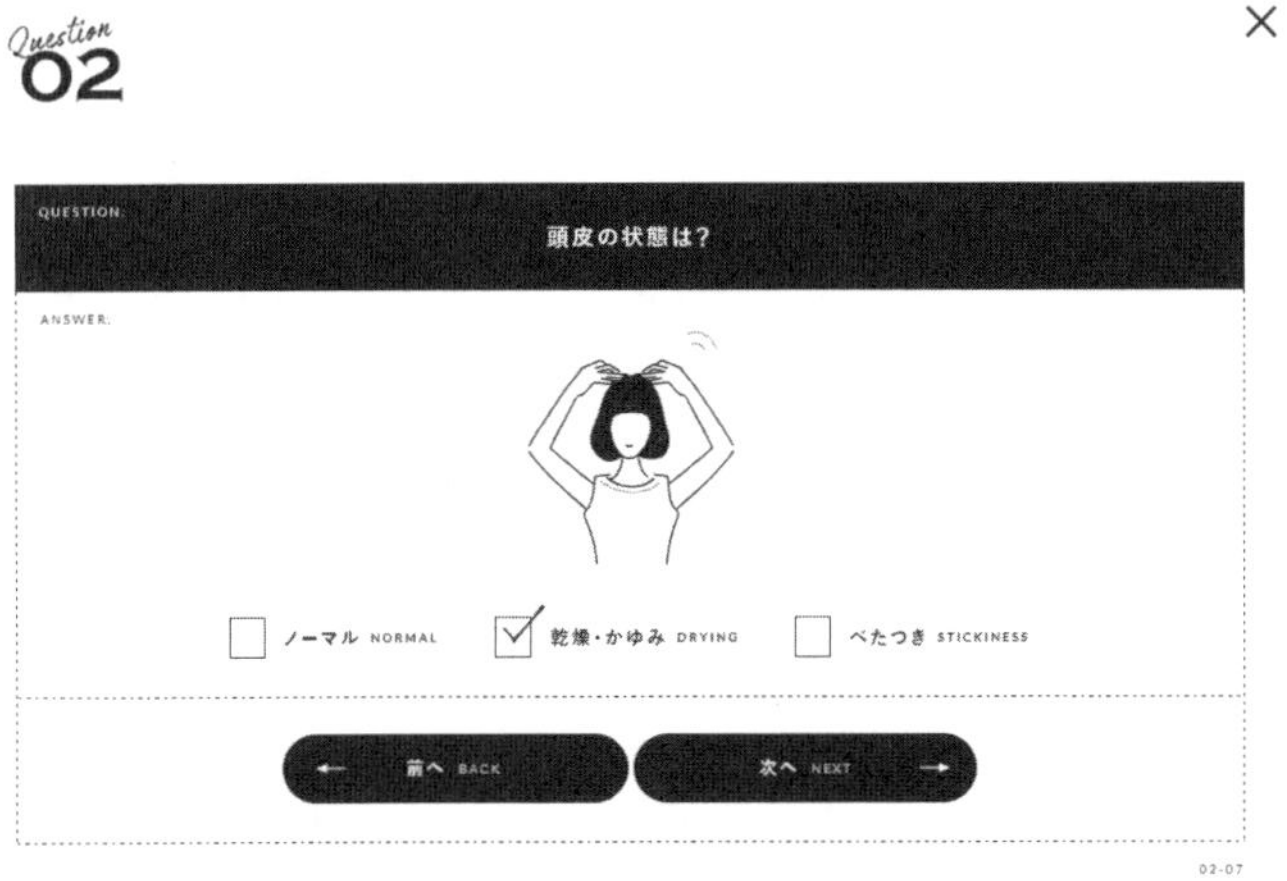

7つの質問に回答することで、髪質に適したシャンプーが100種類超のメニューから選ばれる

数に絞った。他にもストレートパーマの有無、白髪染めの有無など、重要な項目はあるが、現時点ではあえて外している。

　このような仕組みでパーソナライズドシャンプーを実現しているが、それだけの種類のシャンプーを日本で発売するのは法制度上ハードルが高い。シャンプーは化粧品の一種に当たるため、取り扱うには「化粧品製造業許可」を得る必要がある。さらに、化粧品の品目ごとに「化粧品製造販売届書」を都道府県に提出して認可を得なければならない。Ｓｐａｒｔｙは１００種類以上のシャンプーすべてで認可を得ることでサービスを実現している。

　商品企画はＳｐａｒｔｙが行うが、製造

自体は化粧品のＯＥＭ（相手先ブランドによる生産）事業を手掛けるピュアハートキングス（東京・渋谷）に委託していた。ところが、東京都の調査で、同社の化粧品製造業許可が偽造であったことが発覚した。「メーカーから免許をＰＤＦでもらっていたが、そのＰＤＦ自体が偽造されたものだった」（Ｓｐａｒｔｙ社長の深山陽介氏）。これを見抜くことは難しい。東京都からは共犯を疑われたが、「完全に寝耳に水」（深山氏）だった。

脳裏をよぎる「倒産」の二文字

疑いは晴れたものの、サービスの即刻停止を命ぜられた。既に販売済みの商品をすべて回収しなければならず、そのコストが重くのしかかる。さらに月末には広告費の支払いが待っている。「倒産」の二文字が深山氏の脳裏をよぎった。社長として、自分の夢に乗ってくれた従業員の処遇も決めなければならない。販売停止を言い渡された直後の心境を深山氏は「ただ涙を流すことしかできなかった」と振り返る。

１００種類以上のシャンプーを作り分けるのは、請け負う側の負担も大きい。深山氏は多くのメーカーに製造を依頼して回ったが、断られ続け、事業化は困難を極めた。苦難の末に、ようやく引き受けてくれたのがピュアハートキングスだった。事業化に向けて、手厚くサポート

MEDULLA

News!

商品の回収に関するお知らせとお願い

2018年11月2日

平素は、MEDULLAに格別にご愛顧を賜りまして、心より感謝申し上げます。
この度、弊社が販売しているMEDULLAについて、製造販売元であるピュアハートキングス株式会社が化粧品製造許可・化粧品製造販売業許可を取得していないにも関わらず、許可を必要とする製造行為が行われていたことが東京都薬務課の指摘により判明いたしました。

つきましては、当該商品を弊社にて回収させていただき、ご商品代金相当額をご返金させていただくことといたしました。ご購入いただきましたお客様には大変お手数をおかけいたしますが、回収にご協力いただけますよう、お願い申し上げます。

本件に関する東京都の発表は以下よりご確認ください。
http://www.metro.tokyo.jp/tosei/hodohappyo/press/2018/11/01/17.html

Spartyは2018年10月に製造委託先のメーカーが免許偽造で摘発。販売停止および、商品回収を余儀なくされた

してくれるなど、深山氏も信頼を置いていた。会員も順調に増えており、さらにアクセルを踏もうという矢先の摘発だった。

深山氏はその日のうちに投資家に相談。金銭面での支援を得られる確約を得た。

続いて、製造先の選定だ。頼ったのがサティス製薬（埼玉県吉川市）だった。同社にも以前、断られた過去がある。ただ、社長に直談判できる企業は同社しかなかった。一刻を争う状況下のため、トップに直接判断を仰ぐ必要があったのだ。結果、即断で請け負ってもらえることが決まった。Ｓｐａｒｔｙは18年11月13日にサティス製薬と業務資本提携を締結。2社で協働して、パーソナライズドシャ

ンプーという新しい市場を開拓していく決断をした。

サティス製薬社長の山崎智士氏は19年2月2日に更新した自身のブログにこうつづっている。「若き社長を勇気付けたかったため、後先考えずに11月納品をコミットしました。私の言葉を聞いたその瞬間にメデュラ社長の表情がパッと明るくなったので、やはりコミットして正解でした（原文ママ）」。周囲の好意にも恵まれ、事件発覚からわずかな期間で、事業再開のめどが立ち、崖っぷちからの生還を遂げた。従業員も誰1人欠けることなく再開に向けて動き始めた。

サービス停止も半数以上が継続

山崎氏はブログにこうも記述している。「(以前) 当社の営業部は即答でお断りしていたようです。仕方ないです、どう考えても利益出ないですからね。断るのが普通です」。米国では先行してサービスが始まっている、パーソナライズドシャンプーだが、国内では薬機法上、処方するすべての商品の販売許可を得る必要があるなど、ただでさえ乗り越えるべきハードルが高い。そこに襲いかかった苦難を乗り越え、18年12月1日からサービスを再開させた。

厳しい環境下に置かれながらも、サービス再開に向け深山氏の背中を後押ししたのは顧客だった。「MEDULLAに出合えて、生活が変わった。再開を願っています」。そんな趣旨の手書きの手紙が回収した商品の多くに同封されていた。さらに、半数以上の顧客が会員を継続してくれた。現在の会員数は８０００人を超える。「想定よりは低いが、サービス停止の影響を鑑みると誇れる数字だと思う」と深山氏は自負する。それは深山氏のサービスアイデアが、受け入れられたことの証明でもある。

そのアイデアを思いつくヒントとなったのが、自身の妻だった。自分に合うシャンプーに出合えず、さまざまなブランドのシャンプーをとっかえひっかえ利用していたという。店頭では似たようなパッケージの商品が並んでおり、何を選べばいいか分からない。Ｔｗｉｔｔｅｒでは「シャンプー難民」と呼ばれる人たちが、悩みを打ち明けあっていた。自分にぴったりのシャンプーがあれば、多少高額でも利用してもらえるはず。こうして、サービスの開発に取り掛かった。

３つのバリューでサービス開発

ＳｐａｒｔｙがＭＥＤＵＬＬＡで提供する最大の価値はこれまでにないシャンプーの利用体験。これまでまとまらなかった髪の毛が、自身に合ったシャンプーを使うことでセットが思い通りになり、気分が良くなる。これをＳｐａｒｔｙでは「ライフスタイルバリュー」と呼び、サービスで

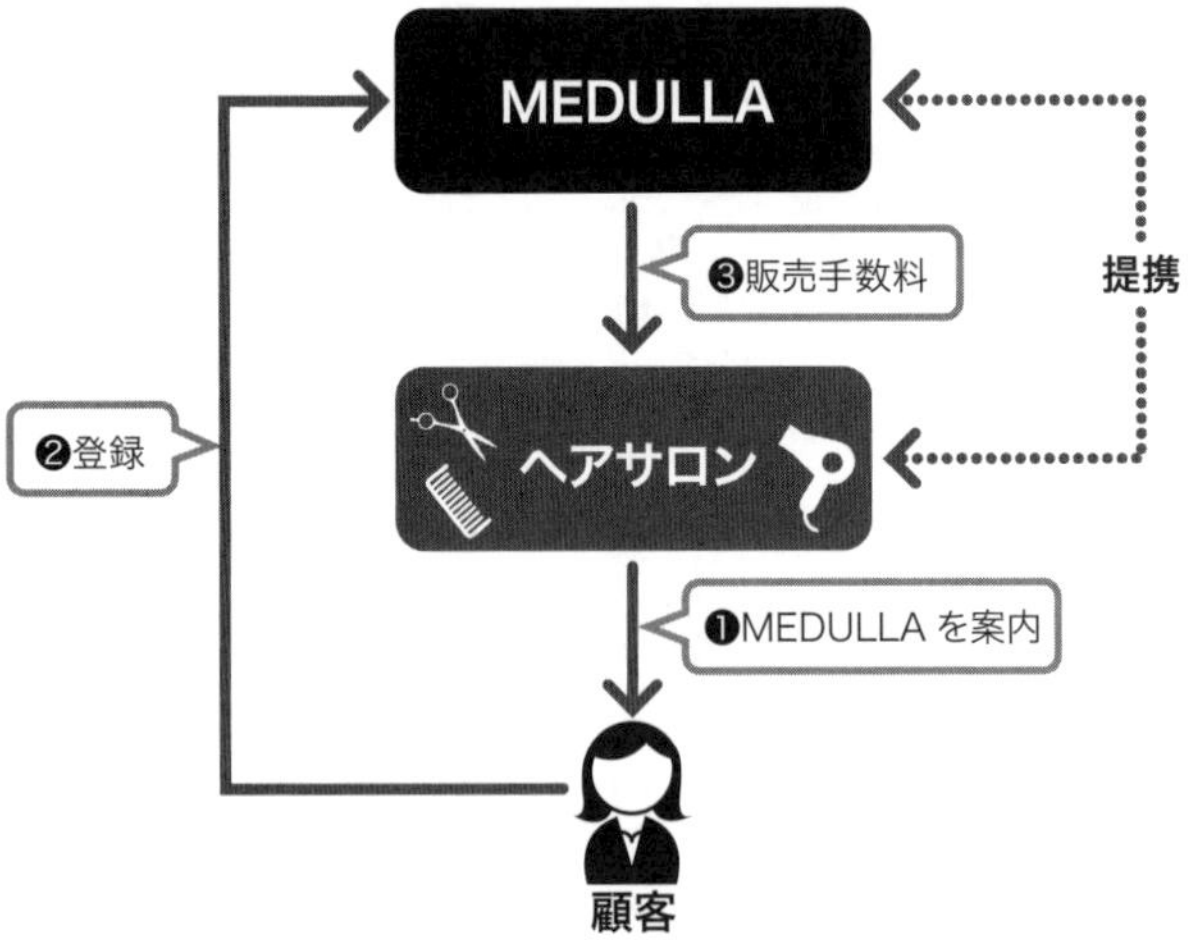

Spartyはヘアサロンと提携した販売網を築く

提供すべき最大の価値と位置付けている。このライフスタイルバリューを実現するために2段階のバリューを設定している。

まず、「エモーショナルバリュー」だ。ライフスタイルバリューを提供するには、単にシャンプーそのものだけではなく、気持ちが高揚するような体験を提供すべきだと深山氏は考えた。そこで、サービスコンセプトを「あなただけのヘアサロン」と定義。季節、体調、年齢などで相性の良いシャンプーも変化する。サービスを通じて、顧客の声を吸い上げて、自宅でのパーソナルなヘアサロン体験を提供する。

このエモーショナルバリューを実現するための機能を「ファンクショナルバリュー」と呼んでいる。例えば、サービスのU

Ｉ（ユーザーインターフェース）、商品を梱包する際に香水を吹きかけることで、開けた瞬間に香りに包まれるなど、トータルで感情を高ぶらせる体験を提供する。

ヘアサロンと提携、美容師が悩みに回答

さらに19年4月からは、より高度なパーソナライズ体験を提供する取り組みを始める。Ｓｐａｒｔｙは13店舗のヘアサロンと提携しており、約50人の美容師がＭＥＤＵＬＬＡの販売パートナーになる販売制度を導入している。その美容師は自身の顧客にＭＥＤＵＬＬＡを薦め、登録時に個別のコードを入力してもらうと、登録美容師の情報とひも付く。それ以降は登録した会員がサービスを継続して利用し続ける限り、最大で3割を販売手数料として返す。提携するヘアサロンにはサンプル品を提供。ヘアサロンは在庫リスクを抱えることなく、新たな収益を得られ、Ｓｐａｒｔｙは販路が広がる。

この提携網を活用して、サービス上で顧客の髪の悩みに美容師が回答するサービスを始める。毎月、シャンプーの出荷前にＬＩＮＥの公式アカウントなどを通じて、髪や頭皮の状態を聞いて、より適した商品を提供していく。

Case04

メニコン「メルスプラン」

コンタクトレンズ会員、驚異の130万人

ブームになるはるか前からサブスクリプションモデルを導入、中核事業に成長させている企業があることは意外と知られていない。メニコンのコンタクトレンズを月額制で利用できる「メルスプラン」の会員数は130万人を超えている。

定額制で使い放題のサブスクリプション型ビジネスが、「Netflix」や「Spotify」などデジタルコンテンツ配信において成功し、その流れがモノのサブスクへと移行、拡大している。実はそのはるか前からサブスクモデルを独自に構築し、中核事業に成長させている企業がある。しかも国内メーカーだ。名古屋に本社を構えるコンタクトレンズ製造・販売大手のメニコンである。

メニコンが展開する、同社のコンタクトレンズを月額制で利用できるサービス「メルスプラン」の開始は18年前の2001年。13年6月に会員数が100万人を超え、現在130万人超

メニコンの「メルスプラン」の会員数は130万人以上

の会員を有する。この5年間、年4～5％増ペースで着々と会員数を増やしている。

18年3月期のメルスプランの年間売上高は383億4000万円。同連結売上高が766億7200万円であることから、ちょうど半分をメルスプランが稼いでいる計算だ。19年3月期は400億円に達する見込み。国内のコンタクトレンズ関連事業に限れば7割に上る、圧倒的な中核事業である。

汚れや破損は無料で交換

メルスプランの内容と特徴をざっと説明しておこう。

メルスプランは、同社のコンタクトレンズを購入ではなく月額制で利用するサービスで、料金は入会金が3000円（税別、以下同）から、月額費用は1800円からとなる。長期使用はハードタイプとソフトタイプを提供、

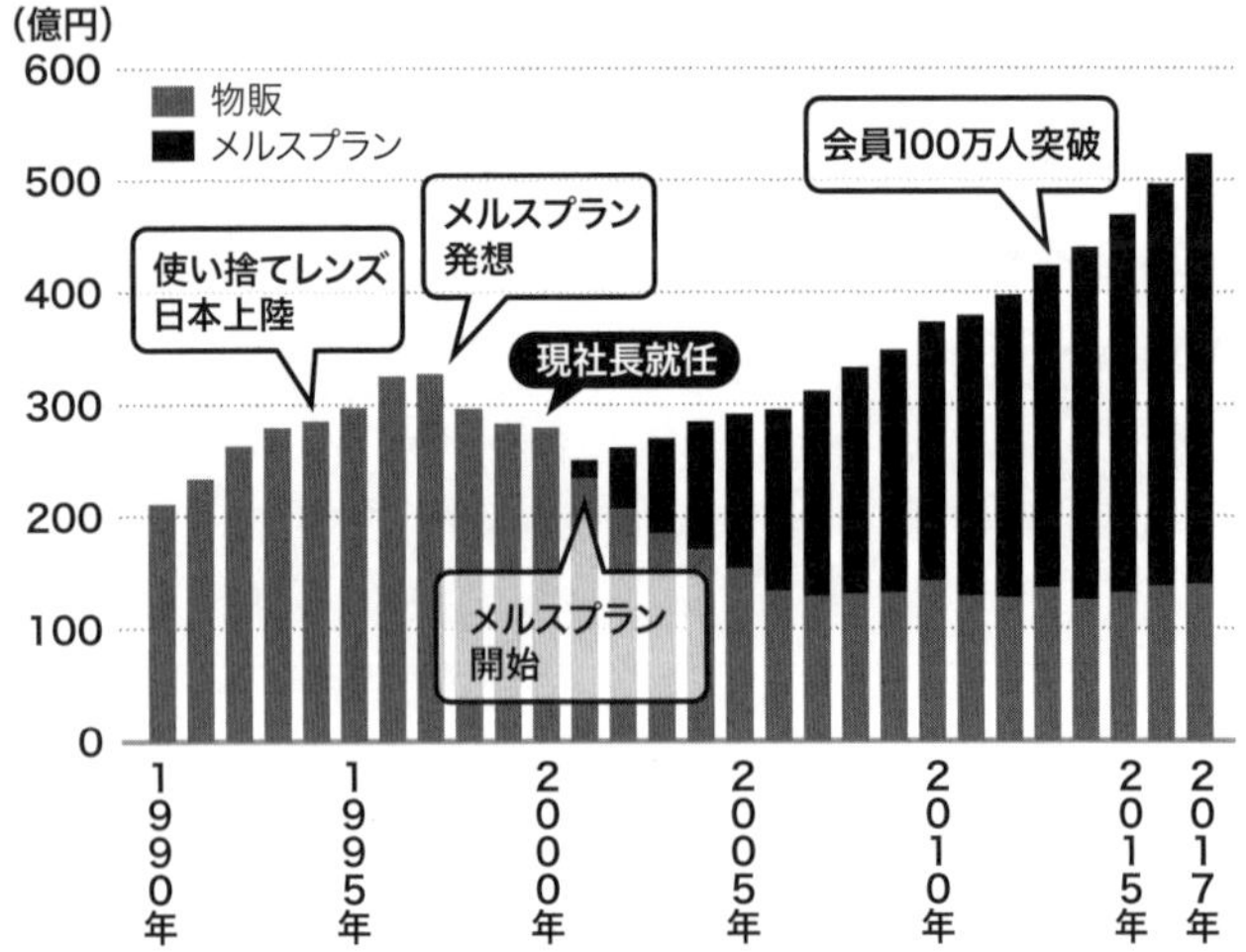

メニコンの国内コンタクトレンズ関連事業の業績推移（年度）。「メルスプラン」の導入で業績はV字回復（データ提供／メニコン）

使い捨て・定期交換は1日使い捨てタイプから3カ月交換タイプまで用意する。

メルスプランの主な利点は、使っているうちに汚れやキズが付いたり破損したりした場合、ハード・ソフトタイプなら破損レンズを店頭に持ち込むことで新しいコンタクトレンズと無料で交換できること。視力やライフスタイルの変化でコンタクトが合わなくなった場合も、度数・種類の変更が可能。紛失した場合も5000円で新品レンズを提供している。

長期使用タイプのコンタクトレンズの場合、汚れや破損、紛失といったトラブルに無償または安価で対応しても

	タイプ	入会金	月額費用	ケア用品月額費用
使い捨て定期交換	1日使い捨てタイプ	3000円	5000円	0円
	2週間交換タイプ	3000円	2100円	500円
	1カ月交換タイプ	3000円	1800円	500円
	3カ月交換タイプ	3000円	2400円	500円
長期使用	ハードタイプ	5000円	1800円	500円
	ソフトタイプ	5000円	1800円	500円

メルスプランの料金例（ケア用品はオプション）

らえるのは安心感がある。購入した場合と比べると、レンズそのものは購入したほうが安上がりだが、安心料と捉えてメルスプランを選ぶ、継続する利用者は多い。

目の安心・安全を提供

では、近年利用者の多くを占める、破損や紛失がさほどリスクではない1日使い捨てや2週間交換タイプのユーザーメリットは何か。

メルスプランの運営を率いる同社ブランド戦略&市場調査部メルス戦略チームのチームリーダー平田浩二氏は、「通常の購入スタイルだと、『まだ使えそう』『もったいない』といった理由で、規定の使用期間を超えてコンタクトを使ってしまうユーザーさんが少なからずいらっしゃる。それが目の不調、障害を招く原因になっている」と指摘する。

定額制ならば3カ月後に3カ月分のレンズが提供されるので、使用期間を守るモチベーション、コンプライアンスが働きやすい。「3カ月に1度、新レンズを受け取るタイミングで眼の検査を習慣づけられるので、眼に異常が生じた場合も早期発見、対応ができる」(平田氏)。

目に違和感を持ちながらも使用期間を超えてレンズを装用しがちだった従来の購入型から、サブスク型に切り替えることで同じレンズでも使用期間や意識がガラリと変わる。その意味でメルスプランは新しいコンタクト体験と共に、目の安心・安全を提供していると言えるだろう。

処方箋の期限内であれば自宅に定期配送できるため、利便性も高い。コンタクトによる眼障害リスクが下がることから、眼科医が支持、推奨したことも、追い風になった。

販売店の理解を得たサブスク直販モデル

メニコンの稼ぎ頭になっているメルスプランだが、立ち上げ当初は苦労を伴った。メルスプラン構想が生まれたのは1990年代の後半。同社創業者の子息で眼科医の現社長の田中英成氏が取締役だった当時、使い捨てタイプが急速に普及し、量販店の台頭でコンタクトレンズの価格破壊が進んだ。メニコン製を購入したつもりのユーザーがレンズの不具合を店頭に持ち込

アプリがプッシュ通知でレンズ交換日をお知らせ

んで他社製であることを知るケースが頻発し、ブランドを守る必要に迫られた。そこで発想したのが、本社とユーザーが月額制の契約を結んで、本社から販売店に手数料を支払う、メルスプランのモデルだった。

だがこのプランはすんなり理解されたわけではなかった。販売店がすべて直営店であれば話は早いが、他社製品も扱う一般のコンタクトレンズ取扱店に、メルスプランの説明や入会手続きを委託するのは、スタッフの負担が大きい。

そこで、ウェブ申し込みフォームを設置し、煩雑な手続きはメルスのサービスセンターに回すことで負荷を軽減。顧客をメニコン本社に取られる感覚を持つ店舗もあったが、価格競争に巻き込まれないことや、長期のリピーターが増えること、無償交換を断るケースが少ないことなどを訴求し、実際に会員が着々と増えることで理解されていった。現在、メルスプラン加盟施設は全国約1700店舗に上る。

17年2月には会員向けの公式アプリ「メルスプランアプリ」を導入した。2週間交換タイプと1カ月交換タイプのユーザーには、レンズ交換日をプッシュ通知でお知らせしている。会員証機能を搭載し、自身のサービス利用状況を確認できる他、店頭でバーコードを提示すれば購入履歴などをスタッフが参照できる。メニコン直営店ではアプリから事前予約も可能で、待ち時間の短縮にもなる。「現在、20万人弱が利用している」(平田氏)。

メルスプランの退会率は7%と低く、長期のユーザーが多い。新規会員も約3割が既存会員からの紹介だという。商品提供スタイルを購入から交換に切り替え、ユーザーのコンタクトレンズ利用実態を、不安が伴うレンズ交換先延ばしから、安心の積極交換に変えたことが、成功の秘訣と言えそうだ。

Chapter04

動

トヨタ自動車の新車に月額料金で乗れる新サービス「ＫＩＮＴＯ」は大きな注目を集めた。日本を代表するメーカーが構想1年でスピード参入したことは、サブスクリプションビジネスの認知度を高め、その期待度と可能性を世間に知らしめることになった。トヨタの狙いと取り組みを詳解する。そのトヨタに先駆けてサービスを展開する日産自動車の「ｅ－シェアモビ」とボルボの「セレクトスマボ」も、それぞれユニークな工夫によって顧客の支持を集めている。ブリヂストンがＢｔｏＢで取り組む「タイヤのサブスク」も面白い。

Case01

トヨタ自動車「KINTO」

新車の月額制　構想1年でサービス開始

トヨタ自動車はサブスクリプションサービス「KINTO（キント）」を2019年2月から東京で始め、全国展開も視野に入れる。構想1年でスタートした新サービスは、トヨタが表明し続けているモビリティカンパニーへと向かう足掛かりとなるのか。

必要なときにすぐ乗れ、思うままに移動できる――。「筋斗雲」の世界観をイメージした「KINTO」は、トヨタの新車が月額料金で乗れるサービス。2019年2月5日、その内容が発表され、プランは「KINTO ONE」「KINTO SELECT」の2種類が用意された。

ONEでは、「プリウス」「カローラスポーツ」「アルファード」「ヴェルファイア」「クラウン」の5車種から1車種を選んで3年間乗り続ける。月額料金はグレードやオプションによって異なり、例えば、プリウスでは月額4万9788～5万9832円（税込み、以下同）。クラウンなら9万7200〜10万6920円となる。

一方、SELECTは高級車「レクサス」専用のサービスで、「ES300h」や「IS300h」などの6車種を6カ月ごとに乗り換え、3年間利用するというスタイルだ。月額料金は19万4400円となる。

夏以降に全国展開へ

料金設定はコストを積み上げて算出したといい、対人・対物無制限の任意保険や自動車税、登録諸費用が含まれる。利用者は駐車場とガソリン代を負担すればいい仕組みを用意したい考えだ。

また、仮に3年経たずに解約した場合、例えばONEを6カ月単位で契約したのであれば、残りの未払い分と5カ月分の追加精算金が必要（追加精算金は契約単位で異なる。一部理由で解約コストが免除される場合もある）。

SELECTは19年2月6日から、ONEは3月1日から、いずれも東京都内の販売店（一部を除く）で試験的にサービスを始めた。その後、夏以降に全国展開し、秋からはONEの対象車種を拡大する計画だ。

「KINTO ONE」はプリウス、カローラスポーツ、アルファード、ヴェルファイア、クラウンの5車種から選ぶ。秋以降には対象車種を拡大する方針だ（上）。「KINTO SELECT」では、レクサスのES300h、IS300h、RC300h、UX250h、RX450h、NX300hの6車種を乗り換えられる（下）

サービス開始に当たり、トヨタは19年1月11日、サービス名と同じくＫＩＮＴＯという事業会社を設立した。トヨタファイナンシャルサービスが66・６％、住友商事グループの住友三井オートサービスが33・４％を出資し、両社の共同事業で運営する。

先手を打ち、まずはやってみる

ＫＩＮＴＯの社長に就任した小寺信也氏（トヨタファイナンシャルサービス上級副社長）は、「石橋をたたいて渡るという、従来のトヨタのやり方では通用しなくなった。不透明な将来に向けて先手を打ちたかった」と語る。

クルマの所有から利活用へという「ユーザーの変化」、ＩＴ企業やリース会社がモビリティサービスを自ら提供するなど「競合の変化」、ビジネスモデルが限界を迎えた「トヨタの変化」――。これらを受け、多様化するクルマの利用形態に対応した新たなビジネスモデルの構築が急務と判断した。

事業化に向けては、スピードを何よりも重視し、「スタートアップ企業なら、どうやるかと

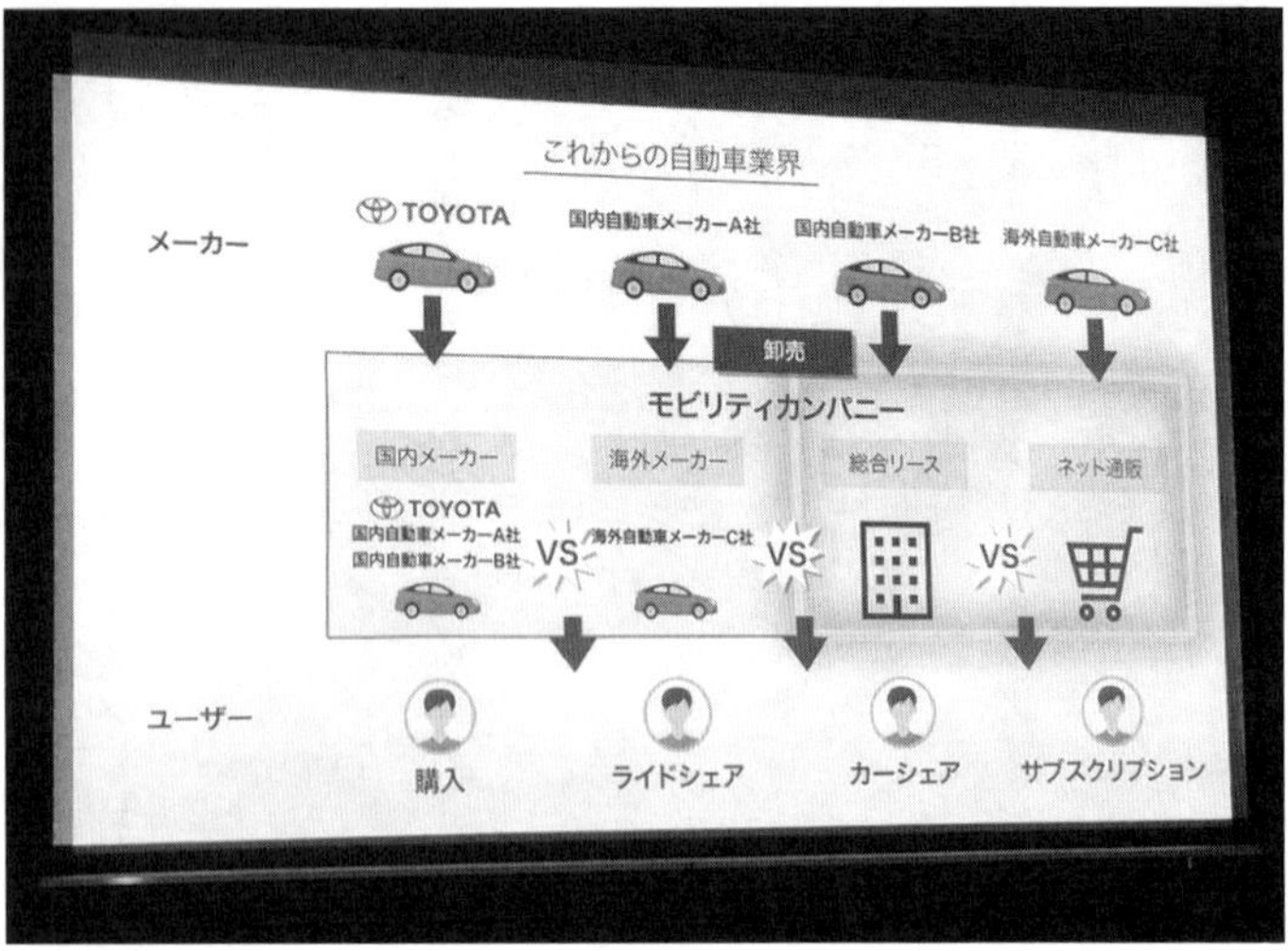

所有から利用へという社会の変化に対応し、トヨタは自動車会社からモビリティカンパニーになることを目指す

意識しながら進めてきた」(小寺氏)。結果、従来のように、すべて自前で賄うのではなく、あえてパートナーと手を組むことで、構想から1年でサービスインに持ち込んだ。

パートナーを組む住友三井オートサービスは、法人リースの分野で実績があり、その運営ノウハウやシステムをKINTOに生かす。住友三井側にとっても「法人向けリースが中心で、個人向けのリースサービスを伸ばしたかった」(住友三井オートサービス常務執行役員営業推進本部長の小熊浩氏)。いわば、弱点を補い合う形で、連携がスタートした。

サブスクをクルマ離れの抑止力に

一見すると、従来の「販売」と競合するサブスク事業に対し、トヨタは〝クルマを買ってもらっても、借りてもらっても構わない〟というステップに進んだ。国内の新車販売が縮小に向かう兆しの中、イニシャルコストや任意保険加入のハードルを下げ、クルマを初めて買う層や、クルマ離れが進む若年層の掘り起こしを狙う。購入以外の選択肢を用意し、クルマあるいはトヨタとの接点にしたい考えだ。

そのため、価格設定もコストをすべて積み上げ、そこから月額料金を逆算した。消費者目線から見たときに高すぎない、安すぎないようには配慮したという。

またトヨタは、顧客の属性や決済に関するデータを手にすることができるのに加え、全車種が車載通信機「DCM（Data Communication Module）」を搭載し、走行データや車両データなども得られる。同社は、これらのデータから安全運転やメンテナンスの状況などをスコア化し、支払いに充当可能なポイントサービスを秋以降に導入。それ以外にもデータをマーケティングやサービス向上に生かしてユーザーの継続率向上を図る他、同社の自動運転技術への活用も検討する。

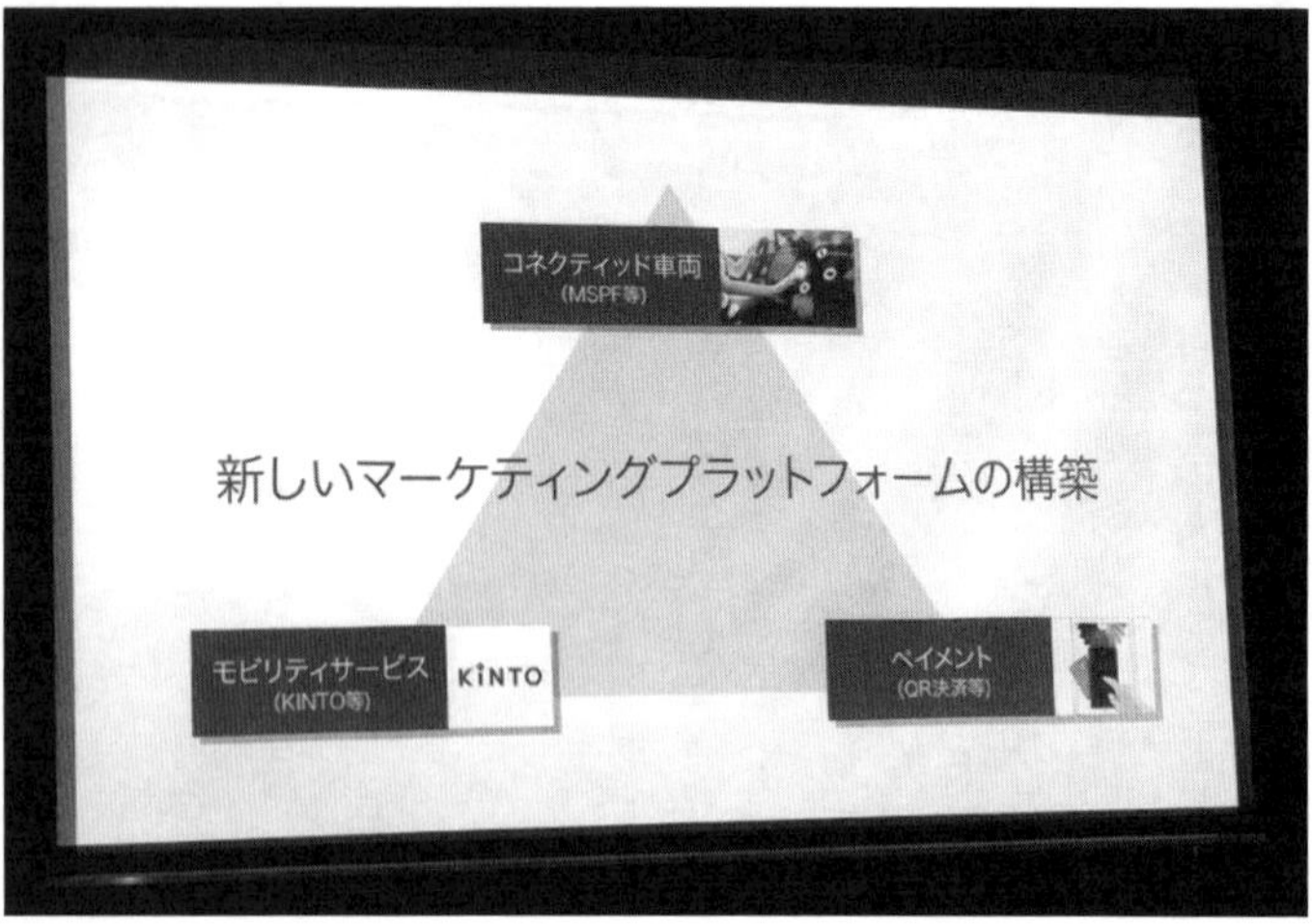

「KINTO」はコネクティッドや決済などと並び、トヨタの新たなマーケティングプラットフォームの一翼を担う

ちなみに、3年間ユーザーが使った後のクルマは、中古車として販売、あるいは中古車版のKINTOを始めるといった使い道を検討中だという。

トヨタに先駆け、自動車の定額乗り換えサービス「NOREL」を展開しているのがIDOM。ただし、「クルマのサブスクという概念自体が広がっていない」（同社）という理由で、利用者数は伸び悩んでいるのが現実だ。

だからこそ、巨人の参入を歓迎する。「メーカー側のサブスク事業開始は、当社にとっても追い風になると考えている。所有でも（カーシェアなどの）サービスでもない、新たな文化を一緒に作っていきたい」（同社）と意欲を見せる。

販売店も変わらなくてはならない

ＫＩＮＴＯは、契約や納車、利用開始後の修理・メンテナンスは、販売店側が担う。つまり、販売店なくしては成り立たないビジネスである。果たして、販売店側がしっかり協力し、力を注ぐ体制はできているのか。

販売店にとっても新車販売が縮小する中、メンテナンスなどサービスで稼ぐビジネスモデルの構築が急務となっている。またＫＩＮＴＯの新車は、販売店側から購入する形を取り、新たな収益モデルという側面も持つ。

「販売店も組み込んだ形での『モビリティカンパニー』になりたい。将来、通販系、銀行系など異業種が参入したとき、ディーラーネットワークを持っていることが強みになる」（小寺氏）。

〝販売店も変わらなければならない〟ときを迎えている。トヨタは全国に４チャネルの系列店を抱えるが、近年、併売車種を増やすなどチャネルの枠を取り払おうとしているのもその一環だ。東京に関しては、一足早く4チャネルの統合に動くなど、拠点網再編の最前線を担うフィールドでもある。東京での成否が全国展開するかどうかの判断基準にもなる。

KINTOについて、トヨタは先手を打ってやってみるという点を強調する。東京でのトライアルについても「まずは受け入れられるかどうか。受け入れられなければ作り直し」（小寺氏）と腹をくくっている。

先が見えない大海に漕ぎ出し始めたトヨタという船が、モビリティカンパニーに変われるのか。1つの試金石になりそうだ。

Case02

日産自動車「e－シェアモビ」

拠点急増のEVシェア　採算より接点を

日産自動車は2018年1月から自社でカーシェアリングサービスに乗り出した。EV（電気自動車）普及促進への投資が新事業への追い風となり、破竹の勢いで拠点数を広げている。「黒字化は難しい」としながら普段リーチできない若者層との接点作りを狙う。

2018年9月28日に10ステーション、9月30日に7ステーション、10月上旬には41ステーション……。日産自動車がクルマを借りて返せるカーシェア拠点「ステーション」を急速に拡大している。

サービス名は「e－シェアモビ」。18年1月15日にサービスインし、コインパーキングや日産レンタカーの店舗などを活用し、1ステーションにつき1台を設置。当初数えるほどだったステーション数は同年夏から急増。8月末には85カ所だったが、18年度内に500まで増やすという目標を掲げた。

NISSAN

e-シェアモビ
e-share mobi

日産自動車のカーシェアリングサービス「e－シェアモビ」のステーションが全国で急増している

EV専用のカーシェア

特徴は、クルマを自社の電動車に絞っているという点にある。貸し出すのは、100%電気で動く「リーフ」とエンジンで発電する「ノートe－POWER」という2車種の上位グレード。まさに、EV（電気自動車）専用のカーシェアと言える（19年4月から「セレナe－POWER」の配備も始めた）。

料金体系は、月額基本料に利用時間に応じた金額を上乗せする。月額基本料は1000円（税込み、以下同）で、あとは15分200円。走った距離によって料金が加算されることはない。

この価格設定は、まさに業界最安級を狙いにいった、と言っても過言ではない。基本プランで比べると、タイムズのカーシェアリングサービス「タイムズカーシェア」は月額基本料1030円かつ15分206円。オリックスカーシェアは月額基本料980円かつ15分200円で、距離料金が1km当たり16円加算される。

日産の場合、サービス開始から同年7月末まで月額基本料を無料化した。同8月1日からは

新型日産リーフ（上）とノートe－POWER（下）

「おでかけ応援キャンペーン」と称して同11月30日まで月額無料を続行。19年4月には「月額無料プラン」を新設した。つまり、コインパーキング感覚で、使った時間だけ払えばいいサービスとした。

免許証がICカードに

使い方も簡単だ。パソコンやスマートフォンから専用サイトにアクセスし、本人名義のクレジットカードと運転免許証を登録すれば、免許証がICカード代わりとなる。あとはステーションに赴き、免許証をクルマのリアウインドーにあるカードリーダーにかざせば、ドアが開く。助手席の収納ボックスから鍵を取り出せば、すぐに発進できるというシステムだ。

精算はクレジットカードに請求されるので、キャッシュレス。ETCカードも搭載されている。車両は毎日清掃しているため、常に清潔に保たれている。電気自動車なので、ガソリンを満タンにして返す必要もない。最新のEVに乗りたいという層にとっては、最も気軽に乗れるサービスといっていい。

しかし、気になるのが、これで採算が取れるのか、という点だ。

「黒字化は厳しい」

「カーシェアだけで黒字化を目指すのは、正直かなり厳しい」と明かすのは、立ち上げ時からこのサービスに関わる中期戦略企画部の高橋雅典氏だ。好立地のステーションを確保し、車両の維持、管理費用まで考えると、それなりにコストがかかり、カーシェア事業単独での収益化は難しいという見立てだ。

しかし、日産自動車の狙いは別にある。それは「EVを世の中に広げていく」という1点に集約される。

例えば、ボタン一つで駐車できるリーフの「プロパイロット パーキング」や、アクセルペダルを戻すだけで一気に減速する「e－POWER Drive」など、カーシェアを通して、日産の先進機能に親しんでもらう意義は大きい。実際に、e－シェアモビを体感した8割以上のユーザーが「また使ってみたい」と答えるなど、日産のEVのイメージの向上に貢献しているという。

1ステーション当たり毎日50人が利用し、6～7割は20～40代のユーザー。会社員の次に利用しているのは、大学生だという。特に免許取りたての大学生がいきなり新車販売店を訪ねてクルマを買うのは、考えにくい。

レンタカーより全国展開しやすい

しかし、カーシェアなら体感してもらうためのハードルは一気に下がる。乗ってみてファンになる可能性もある。普段リーチできない層に日産の新技術を売り込める。モノは所有するより利用したいという〝サブスク層〟の心をつかめると考えると、会社全体としてみると十分事業としては成り立っている、と言える。

そもそも、カーシェアのほうが、全国展開しやすいというメリットがある。レンタカーは必ず店舗に人を置かないといけない。しかし、カーシェアなら無人で営業できる。もちろん、車両の清掃・整備などで人手はかかるが、レンタカーほど大人数は必要ない。

利用者側からしても、必要なときにスマホ一つで短時間から借りられる、というメリットがある。カーシェアは短時間限定というイメージがあるが、実はレンタカー的な利用もできる。

ナイトパックは17時間3700円

日産のe－シェアモビでは15分200円の時間料金に加え、ナイトパックが用意されている。最も長時間利用できる「ビジネスナイトパック」は17時～翌日10時の17時間借りて3700円。残業で終電を逃した場合に重宝しそうだ。このナイトパックもタイムズやオリックスであれば、1km当たり16円の距離料金がかかるが、日産ではかからない。

そもそもEVは、カーシェアと親和性が高いと言える。EVの最大の弱点はバッテリーの経年劣化。しかし、常に最新かつ整備が行き届いたクルマに乗れるカーシェアならば、ブランド価値を毀損しない。ガソリン車と比べた場合の航続距離の短さも、比較的短時間の利用に限られるカーシェアならば、気にならないだろう。

課題は、シェアサイクルと同じく、拠点数の拡大だ。利便性を高めるためには、ステーションを増やしていくしかない。

日産は18年7月、関西を中心にホームセンター「コーナン」を運営するコーナン商事と連携。18年度内にコーナン全店の約3分の1に当たる100店の駐車場にステーションを設けることで、目標とする「18年度内ステーション数500カ所」に大きく近づいた。しかし、ターミナル駅の周辺や大学の近くなど、潜在ニーズが高いエリアはまだまだある。

新車販売以外の経営の柱に

クルマ離れが指摘されて久しいが、カーシェアは所有から利用という流れが進んだ時代に即したサービスだ。大きな投資が続くＥＶ事業の普及役を担うだけに、成果が出れば継続的な拠点拡大が期待できる。

ＥＶへの投資が結果として、将来の新事業を育成することになるかもしれない。自社の在庫を有効活用できるカーシェアは、新車販売以外の新たな柱として、今後、自動車業界に急速に広がりそうだ。

Case03

ボルボ「セレクトスマボ」

納車まで新車でつなぎ、中古在庫もフル回転

北欧の高級車メーカー、ボルボはクルマを買いたい層だけでなく、使いたい層にもアプローチする日本独自のサブスクリプションモデルに取り組んでいる。納車待ちを逆手に取り、新車体験を提供しつつ、中古在庫もフル回転させる。

スマホならぬ、スマボ（SMAVO）――。「スマートにボルボに乗れる」をコンセプトに、ボルボ・カー・ジャパン（東京・港）が2018年6月から新たに乗り出したのが月額サービス「セレクトスマボ」だ。

月々決まった額を払えば、ボルボの中古車に乗れる。自賠責保険料や検査登録、車庫証明などにかかる費用は頭金として別途必要になるが、その後は毎月、車両の売値の1・3％（税込み）を支払うことで、最長1年間乗り続けられる。

ボルボの新型SUV「XC60」は納車半年待ちの状況が続く。ボルボ・カー・ジャパンは、納車待ちを逆手に取った月額プランで顧客流出を防ぐ

納車までの〝つなぎ〟に

実は、この優良中古車は社内調達である。「ブリッジスマボ」という、日本オリジナルのサービスが好評だったことから、セレクトスマボは生まれた。

ブリッジスマボとは、月々決まった額を払えば、ボルボの新車に乗れるサービス。ここだけを切り取ると、一般的なカーリースそのものだが、中身を見ると、変化球が加えられていることに気付く。違いは大きく分けて2点。納車待ちの期間限定ということ。そして対象が新型SUVの「XC40」「XC60」を購入した人に限られていることだ。

いわば、「納車待ち」を逆手に取り、新型車が納車されるまでの「橋渡し（ブリッジ）」としてボルボに乗ってもらおうというプラン。登録料などの頭金を払ったうえで、毎月、車両本体価格の1％（税込み）を払えば、どれでも好きなボルボ車を選んで乗れる。

所有権はリース会社にあり、乗車できるのは最長1年間まで。走行距離は月750キロまで、それを超えると超過料金が発生するが、近所を乗り回す程度なら問題ない。納車されたら返却し、購入した新車に乗り換えればよく、乗り換え精算金も不要だ。

例えば、フラッグシップモデルの「90シリーズ」のような700万円クラスの高級車も、月7万円で乗れる。金額だけを見ると高いようにも思うが、普通なら手が届かないボルボの上位モデルに乗るチャンス。何より、この「車両価格の1％」という値付けは、絶妙な線をついている。

新車の購入は、車検の前に検討することが多い。そしてクルマは基本的に月を追うごとに価値が下がっていく。つまり、高額な車検費用と下取り額の値下がりを勘案すると、頭金＋（車両価格の1％×月数）を払っても「トントン」（ボルボ・カー・ジャパン）になる、というわけだ。

消費者心理としてクルマは高いうちに売りたい。それなら「ブリッジスマボ」で納車待ちの間に、ボルボの新車を試してみよう、という判断は十分にあり得る。何よりも納車前、納車後と短期間でボルボの新車を2台乗れる、という特別な体験ができる。

ブリッジスマボが顧客流出を防ぐ

そもそも、なぜ、ブリッジスマボというサービスが生まれたのか。

発端は、ボルボの新型車が品薄状態に直面したからだ。17年10月に発売した「XC60」は18年末までに3000台の販売目標を掲げていたが、18年9月時点で4000台を超す受注を得た。18年3月発売の「XC40」に至っては、年販目標1500台のところ、既に約3000台の受注を積み重ねた。

いずれも発売直後から納車に半年かかる状態だった。「車検も近いし、そんなに時間がかかるなら、ボルボじゃなくていいや」と見切りをつけるファンのつなぎ止めに、ブリッジスマボは予想以上に一役買った。17年7月にサービスを始め、契約数は1年余りで1500件を突破。今なお伸びている。見方を変えると、それだけの顧客流出を防げたことになる。

「ブリッジスマボで使われた新車は、優良中古車として戻ってくる」（ボルボ・カー・ジャパン）。中古車向けに「セレクトスマボ」という受け皿を作れば、在庫をフル回転できると考えた。

3つのサブスク＋オリジナル体験

スマボが選ばれる背景には、所有から使用という流れが自動車業界にも着実に押し寄せていることを意味している。特にクルマは技術革新が激しく、「搭載している安全システムは、5年前のクルマと今のクルマでは月とスッポンぐらいの違いがある。初回の車検のタイミングに合わせ、3年程度で乗り換えると、常に最新の機能が使えて理想的」（ボルボ・カー・ジャパン）。

そこでボルボ・カー・ジャパンでは、頭金なしで3年ごとに新車に乗り換えられる月額リースプランをまず「スマボ」として展開し、納車待ちの期間限定で「ブリッジスマボ」に広げた。さらに中古車ユーザー向けに「セレクトスマボ」を創設。いわば、3つのサブスクサービスで、事業を拡大しようとしている。

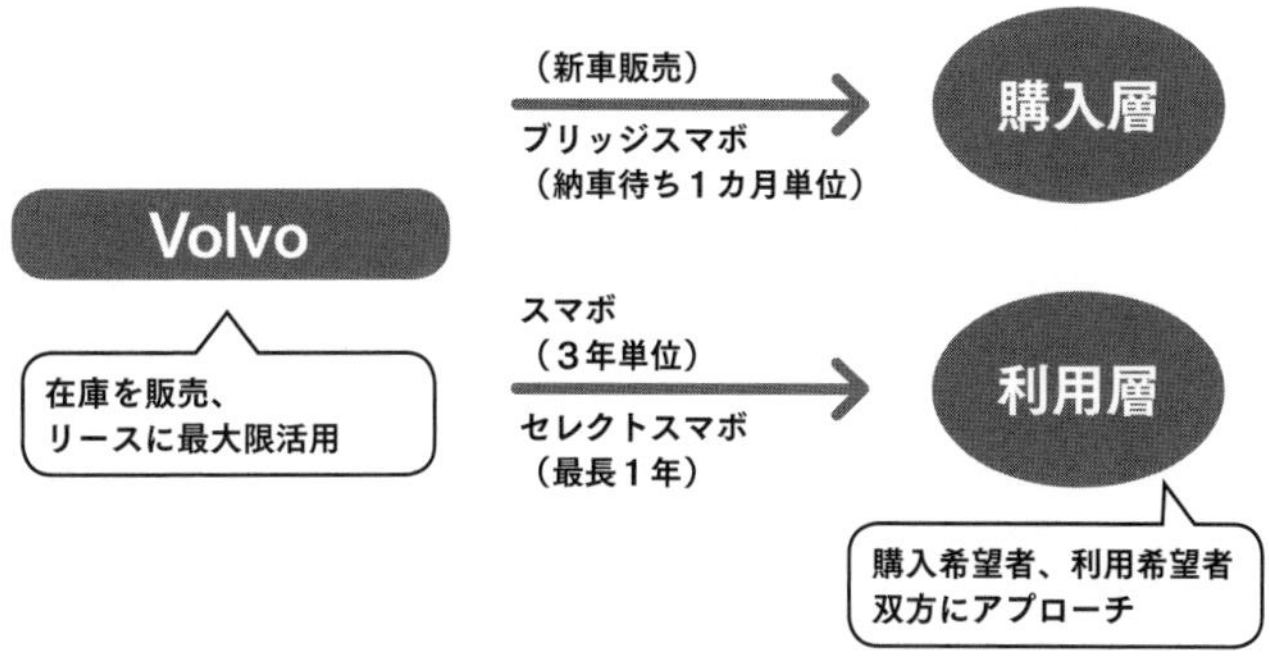

ボルボは３つのサブスクリプションサービスで事業を拡大

さらに、「インテリガード10」と銘打ったオリジナルの保険プランも用意。フロントガラスやリアガラス、タイヤのパンクなど10項目の修理費用、交換費用をボルボが補償するという内容で、一般的な自動車保険とは異なり、使っても等級が下がらないメリットがある。スマボにプラスして売り込みを強めている。

20年代半ばには半数がサブスク

ボルボ・カーの母国は、北欧のスウェーデン。欧州では17年末から、「Ｃａｒｅ ｂｙ Ｖｏｌｖｏ（ケア・バイ・ボルボ）」と銘打ち、頭金不要で、保険料込み、月々の定額で2年たてば新モデルに乗り換えられるというサブスクリプションサービスをスタートさせた。20年代半ばには、製造するクルマの半数をこうしたサブスクリプション型の契約に置き換える計画だ。

サブスクリプション型のサービスは、世界で広がりを見せている。独メルセデス・ベンツは「メルセデス・ベンツ・コレクション」という名で、18年6月から米国の2都市で定額制サービスをスタート。495ドルの初期費用と月額料金（1095～2995ドル）を払えば、好きなベンツ車に自由に乗り換えられる。専用アプリと連動し、アプリから予約すれば、コンシェルジュが指定場所までクルマを届けてくれる。

独BMWも18年、同様のサービスを米国で試験的に開始。メルセデス・ベンツを意識し、同年8月から月額料金を1099ドルからに引き下げるなど、競争が激しくなっている。

ボルボ・カーが見通すように、順調にサブスクリプション市場が広がれば、20年代中頃には、クルマは買うものという認識が、完全に崩れ去っているかもしれない。そうなればスマホならぬ「スマホ」と同じ感覚で、クルマを乗りこなす時代がやって来る。

Case04

ブリヂストン「TPP（トータルパッケージプラン）」

タイヤを売らずに稼ぐ　継続率「100%」

ブリヂストンはBtoB事業のサブスクリプションに取り組んでいる。トラックやバス事業者向けに、タイヤの供給、メンテナンスを一括して請け負うパッケージプランだ。約2万7000台の利用で継続率はほぼ100%。他社を寄せ付けない強みを探る。

TPPといってもタイヤの話である。世界的なタイヤメーカー、ブリヂストンは「TPP（トータルパッケージプラン）」という名前で、月額のサブスクリプションサービスを展開中だ。顧客はトラックやバス業界。BtoBのビジネスとして手堅い需要を取り込んでいる。

TPPは、ブリヂストンにとって、タイヤのみを売るビジネスモデルからの脱却を意味する。新品タイヤに加え、摩耗したゴムを貼り換えてリサイクルする「リトレッドタイヤ」を組み合わせて提案。さらにそれらタイヤのメンテナンスまで「トータル」で請け負うソリューションビジネスである。

ブリヂストンはタイヤの交換、メンテナンスまで含めて丸ごと請け負う（写真提供／ブリヂストン）

社員はもはやタイヤのセールスマンではない。1社1社にヒアリングしたうえで、タイヤの使用状況を調査。企業ごとのニーズを踏まえた価格で、タイヤの種類や、メンテナンスのプランを組み立てる。燃費を改善するにはどうすればいいか、トータルでコストを下げるにはどうすればいいかを考え、提案する役割はコンサルタントに近い。

使用状況に応じて価格提案

こうしたパッケージが生まれるきっかけは、2007年に遡る。ブリヂストンは当時、リトレッドタイヤのトップランナーだ

ブリヂストンは新品タイヤ、リトレッドタイヤ、メンテナンスサービスの3本柱をパッケージ化した

った米バンダグを買収。リトレッドタイヤの普及に乗り出した。単独で売るよりも、新品タイヤ、タイヤのメンテナンスとセットでパッケージ化したほうが、全国の店舗網と自社のサービス力をフル活用できる、と考えた。いわば、昨今のサブスクビジネスの先駆者である。

月々の金額は「企業や事業所によって異なる」（ブリヂストン）。タイヤの使用状況によって最適な価格を提案するからだ。

まず、新品のタイヤを提案し、契約期間中は随時メンテナンスを実施。要望に応じてリトレッドタイヤへ交

トラック・バス向けの低燃費タイヤ「ECOPIA M801」「ECOPIA W911 II」。使用状況に応じて最適なタイミングでタイヤを交換する（写真提供／ブリヂストン）

換し、一定期間がたったらタイヤを廃棄、リサイクルする、という流れだ。

ＴＰＰの利用台数は、17年末時点で約２万７０００台。保有台数が20台前後の事業所単位の契約が多く、継続率は「ほぼ１００％」（ブリヂストン）という。好調なのは、時代のニーズをつかんだからだ。

高齢化、人手不足に商機

運送業は高齢化が進む一方、貨物量が増えて人手不足が深刻化している。安全運行のため、こまめなメンテナンスが欠かせないが、そこに人を割く余裕はなくなっている。つまり、整備を内製化することが困難になった。

しかし、ブリヂストンに整備まで丸ごとアウトソーシングすれば、本業に注力できる。労務負担を大きく軽減できるだけでなく、月額払いのため、あらかじめ予算を立てられるのは、企業にとって大きい。

メンテナンスなどのサービス料が上乗せされるため、自前でタイヤを購入するより出費はかさむが、安全と安心、そして整備にかける労務費を考えると、ＴＰＰを選ぶメリットは十分にある、というわけだ。

「2次寿命」まで余すことなく

リトレッドタイヤといっても、誰が使ったか分からないタイヤを再利用するのではなく、走行履歴を十分に把握した自社のタイヤを再生するため、安心感がある。

新品タイヤを寿命まで使い、さらにリトレッドタイヤで「2次寿命」まで余すことなく使うには高度な整備力が問われるが、それもブリヂストンに委託すれば可能だ。タイヤの寿命が延びることは、経費削減や環境経営にもつながる。

こうした、タイヤ回りのきめ細かいニーズに応えられるのは、圧倒的なシェアと、全国各地に拠点を有するブリヂストンならではと言える。他社にはまねできないサービスだからこそ、顧客企業はブリヂストンを選ぶ。継続率が極めて高いゆえんである。

ブリヂストンからすると、タイヤのみの一本足打法を脱却し、収益源を分散できる。顧客との継続的な接点も持てるうえ、ＴＰＰの契約数が増えれば、冬場のスタッドレスタイヤへの交換期など、整備作業が集中してしまう時期をずらして平準化できる。

ＢｔｏＣは「まだ難しい」

しかし、このビジネスモデルをＢｔｏＣに広げるには、乗り越えるべきハードルがあるという。

「トラックやバスのドライバーはプロ。ある程度、どういう走り方をするのか、どれくらい走るのか予測できるが、一般の方は運転の個人差が大きく、パターンが読めない」（ブリヂストンタイヤジャパン常務執行役員生産財販売統括本部長の番匠谷克志氏）。

カーシェアリングがさらに普及するなど、所有から利用へという流れが世の中で加速し、走行データを蓄積するモニタリングシステムが整って初めてパッケージ提案が可能になるという。タイヤのみのパッケージでどこまで顧客をつかめるかも未知数だ。

トラック・バス用市販タイヤの需要は近年、頭打ちの状態が続いている（日本自動車タイヤ協会調べ）。もはや、タイヤを売るだけでは、成長を続けることは難しい。

ＴＰＰは「全社で見ると、まだ数パーセントの事業規模」（番匠谷氏）というが、伸びしろはある。裏を返すと、ブリヂストンのようなガリバー企業でさえ、モノだけでなく、サービスを売らなければいけない時代に差し掛かっている。

Chapter05

楽

生活を楽しくするサブスクリプションサービスでは、ネット動画配信の「U-NEXT」の取り組みを深掘りする。米アマゾン・ドット・コムや米ネットフリックスなどの海外大手の攻勢が激しさを増す中、どう対抗するのか。自らの強みをいかに見いだし、戦略を立てるのか。生活をより充実させる新サービスとして、女性専用セルフエステ「BODY ARCHI」にも注目する。1台250万円の最先端エステマシンを完全個室で使えるというユニークなサービスを展開、3年で100店舗を目指すスピード経営の目論みに迫る。

Case01

U-NEXT「U-NEXT」

国産「動画配信」は高額&書籍統合に活路

米アマゾン・ドット・コムや米ネットフリックスの攻勢で、サブスク型のネット動画配信サービスの競争は激しさを増す。海外の巨人にどう対抗するか。「U-NEXT」は高めの料金で動画配信数を増やし、電子書籍を統合した。

いつでもどこでも映画やドラマが見放題。そんな有料のネット動画配信サービスの利用が定着しつつある。

国内で利用率が高いのは「Amazonプライム・ビデオ」。調査会社のMMDLabo(東京・港)によると有料ネット動画配信サービスの利用経験は、Amazonプライム・ビデオが19・7%と最も多い。月額約408~500円(税込み)のプライム会員であれば利用できることからお得感があり、iOSのApp Storeの評価も5点満点で4・7(2019年5月中旬時点)と高い。

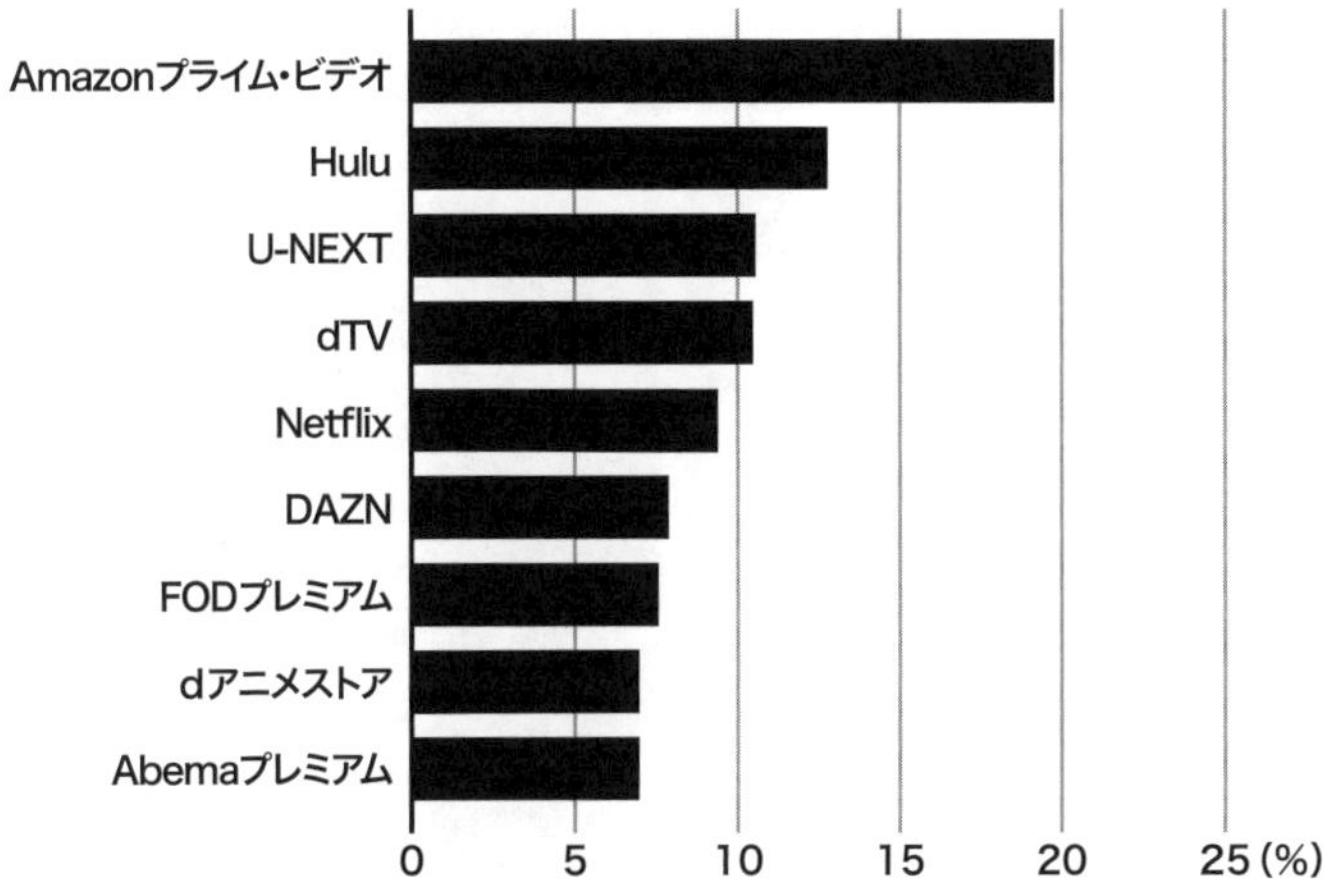

有料動画配信サービスの利用経験

MMDLabo（東京・港）が運営するMMD研究所の調査による有料の定額動画配信サービスの利用経験。2018年11月に1万人を対象に調査したもの

利用率やユーザーの評価でアマゾンが一歩リードする中、月額1990円（税別）と高めの価格設定ながらも、MMDLaboによる調査では3位、App Storeの評価ではアマゾンに迫る「4・5」を獲得しているアプリがある。USEN－NEXT HOLDINGS傘下のU－NEXTが提供するサービスだ。

ライト層向けでは勝負しない

高評価の背景にあるのはコンテンツの豊富さ。映画やドラマは8000作品、アニメは2000作品以上をそろえ、日本最大級の動画サービスをうたう。毎月

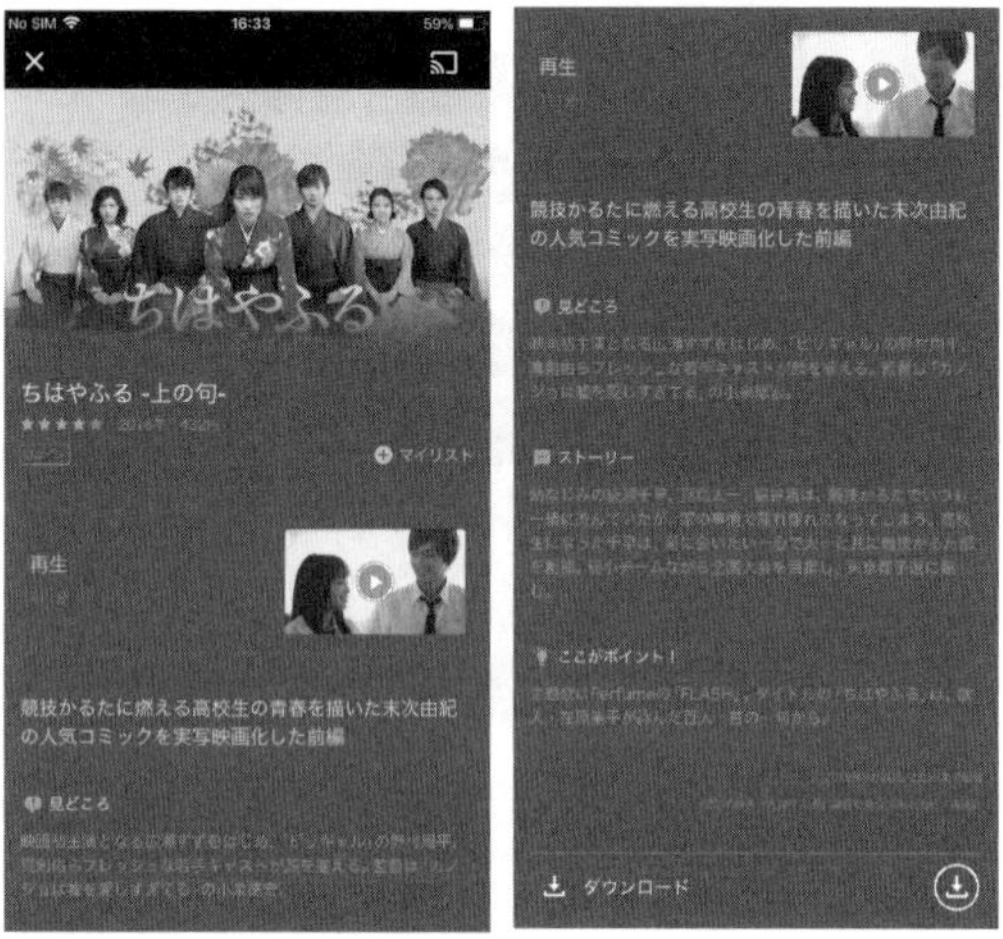

電子書籍サービスを統合した「U － NEXT」のアプリ。動画の紹介画面をスクロールしていくと、関連する漫画や小説の一覧が出てくる

1200円分のポイントを付与し、そのポイントで映画の最新作など有料コンテンツも視聴できる。U－NEXT社長の堤天心氏は「(アマゾンなど) 海外勢の他社サービスはライト層を取り込んでいるものの、我々はそこでは勝負しない」と話す。競合サービスでは物足りないという、映画好きやアニメ好きのユーザーを取り込む戦略を取る。

19年1月末からは、これまでは別アプリで提供してきた電子書籍のサービスを動画配信と統合した。ポイントを使って書籍や漫画の電子書籍を購入できる。

漫画が原作の映画を見た後に、メニュー画面をスクロールさせていくと「関連ブック」として、原作の書籍が現れる。そんな「他社サービスではありそうでなかった」（堤氏）という使い勝手を訴求する。同じくアプリ上では、追加料金なしで約70の雑誌を読むこともできる。

動画＋電子書籍の統合アプリで〝高速化〟

Ｕ－ＮＥＸＴは、15年に東芝から電子書籍サービスの事業譲渡を受けた。これまで動画と電子書籍でアプリが分かれていた理由はここにある。既存のアプリは設計が古かったため、ユーザーから「動作が遅い」などの意見が寄せられることもあったが、今回のアプリ統合では、動作スピードや安定性の面でも解消を図っている。

通常、電子書籍を読む前には、１冊丸ごとのデータをダウンロードしてから、表示するアプリが多い。Ｕ－ＮＥＸＴのアプリでは、「動画の配信技術を電子書籍の表示にも応用している」（堤氏）ことから、漫画や雑誌をストリーミングで表示する。そのため、少ない待ち時間ですぐに読める。

動画だけを見ているユーザーと比べて、動画と電子書籍の両方を楽しんでいるユーザーは「アプリの起動率が高く、エンゲージの面で数倍の差がある」（堤氏）。

特に漫画は映像作品と比べて短い時間で楽しめるため、通勤時のスキマ時間に読まれることが多いという。電子書籍の利用が増えていけば、追加ポイントの購入にもつながることを見込む。

GYAO!はキムタク効果で伸ばす

スキマ時間に向けたコンテンツを強化する動きは、他サービスでも広がっている。無料動画サービスの「GYAO!」では、タレントの木村拓哉をはじめ、お笑い芸人やアイドルなど1回15分程度で楽しめるオリジナル番組を配信している。テレビドラマ最新作の見逃し配信をすると同時に、本編の1話と1話の間をつなぐ短い追加映像（チェインストーリー）の人気も高いという。

コンテンツ強化に加え、18年夏からは木村拓哉のCMを配信した効果もあり、「（米アプリ調査会社の）アップアニーの調査では18年10～12月の動画配信アプリの国内ダウンロード数で、GYAO!が1位を獲得した」（GYAO編成本部長兼コンテンツビジネス本部長の有本恭史氏）といった成果も現れ始めた。競合は多いが「アニメや映画を含め、プレミアムな映像作品を無料で視聴できるサービスという点で明確なライバルはいない」（有本氏）と自信を見せる。

ネットフリックスやアマゾンに加え、19年後半には米ウォルト・ディズニーも独自の動画配信サービスに参入するといわれており、競争の激化は必至だ。

国内勢も健闘している。テレビ朝日とサイバーエージェントのネット動画配信サービス「AbemaTV」は、有料会員を17年末の約8万人から1年で4・5倍の約35・8万人に伸ばした。

「レンタルDVDや衛星放送の市場を動画配信サービスに取り込む動きは、まだこれから加速する」（堤氏）。市場拡大が続けば、海外サービスにない独自性や利便性を打ち出していくことで、国内勢が今後も存在感を示す余地は十分にありそうだ。

◀次ページからU－NEXT社長の堤天心氏のインタビューを掲載。今後のネット動画配信の事業戦略に迫る。

interview

「独占配信」の電子書籍も　会員規模は2倍を目指す

U-NEXT社長　堤天心氏に聞く

電子書籍のアプリを統合した狙いはどこにあるのか。国内外の競合サービスが多数登場する一方で、ネット動画配信サービスの市場は今後も拡大が期待できるのか。U-NEXTの事業戦略などについて、社長の堤天心氏に聞いた。

――アプリ統合による反響は。

まだ詳細な分析はできていないが、書籍を利用しているユーザーのアプリ起動率は確実に高まっている。起動率が高まれば、サービスへの帰属意識も高まり、継続率も上がっていく。電子書籍との統合で、有料コンテンツの追加購入による売り上げの伸びも期待できるが、そこが中心ではない。魅力のあるサービスであることを実感してもらい、月額会員を伸ばしていくことを目指す。

U－NEXT社長の堤天心氏は、電子書籍の統合によりアプリの起動率が高められると話す（写真／木村輝）

――国内ネット動画配信の市場見通しは。

伸びしろはまだある。日本は海外と比べると映像ネット配信の普及が遅れており、DVDのパッケージ販売やレンタルが根強く残っている。それでも、若者を中心にパッケージからネットへという流れは着実に進んでいる。

衛星放送やケーブルテレビといった市場も取り込んでいけるはずだ。オンデマンドかつマルチデバイスで表示できるというネット動画配信のメリットは大きい。

――アマゾンなど海外の動画配信サービスへの対抗策は。

同じことをやっても仕方がない。海外サービスは、ライトユーザーの志向性に合わせたマスの戦略を取っているという印象がある。ある程度の知名度の高い作品がそろい、ボリューム層を捉えている。

ただ、それだけで満足できるユーザーは、あまり映画館にも行かないし、漫画も本も買わず、能動的にお金を落とすケースが少ない傾向がある。

U-NEXTが狙うユーザー層は、エンターテインメントをより積極的に楽しんでいる人。例えば、映画やアニメが好きで月に1回はイベントに参加している、という人たちだ。月額料金は1990円（税別）と他社よりも高いが、その分は、コンテンツの品ぞろえに投資している。ユーザーからも「他社サービスではコンテンツが物足りなかったので、U-NEXTを使っている」という声をよく聞く。

書籍の品ぞろえは、出版社との連携も強化し、紙の漫画のデジタル化やノベライズといった独自の初出し作品を扱っていきたい。将来的には内部に出版の機能を抱えていく可能性もある。

――今後の目標は。

デジタル化によって、映像でも書籍でも流通の在り方が変わってくる。原作があり、コミック化や映像化されるという過程で、これまではそれぞれが別ルートで供給されたが、今後は総合的なエンターテインメントのコンテンツを統一されたプラットフォームで扱える。今後は出版社との連携など、より供給側に近づいていくことを模索したい。

そうした取り組みを通して利便性を高め、継続率と満足度の向上につなげていく。今後1〜2年で会員規模を現在の2倍にしたい。

Case02

ネクシィーズグループ「BODY ARCHI」

女性専用の定額制エステ&ジム、急拡大へ

定額で使い放題の「女性専用セルフエステ」が産声を上げた。「BODY ARCHI（ボディアーキ）」だ。エステスタジオで、ジムのように体と向き合う新業態で、2018年11月に1号店を開業し、3年間で100店舗を目指す。

「BODY ARCHI」は、Body（=体）と、Architect（=建築家）を組み合わせた造語。「ヒップをあと3センチだけ上げたい」「ウエストを2センチ引き締めたい」など、「なりたいボディーラインに、私が私をデザインする」というメッセージを込めた。

特徴は定額制（サブスクリプション）かつ、女性専用であること。1台250万円もする最先端のエステマシンを、完全個室で自由に使えるサービスで、自らのペースでボディーメークできる。いわば、エステとジムの間隙を突いた新業態だ。

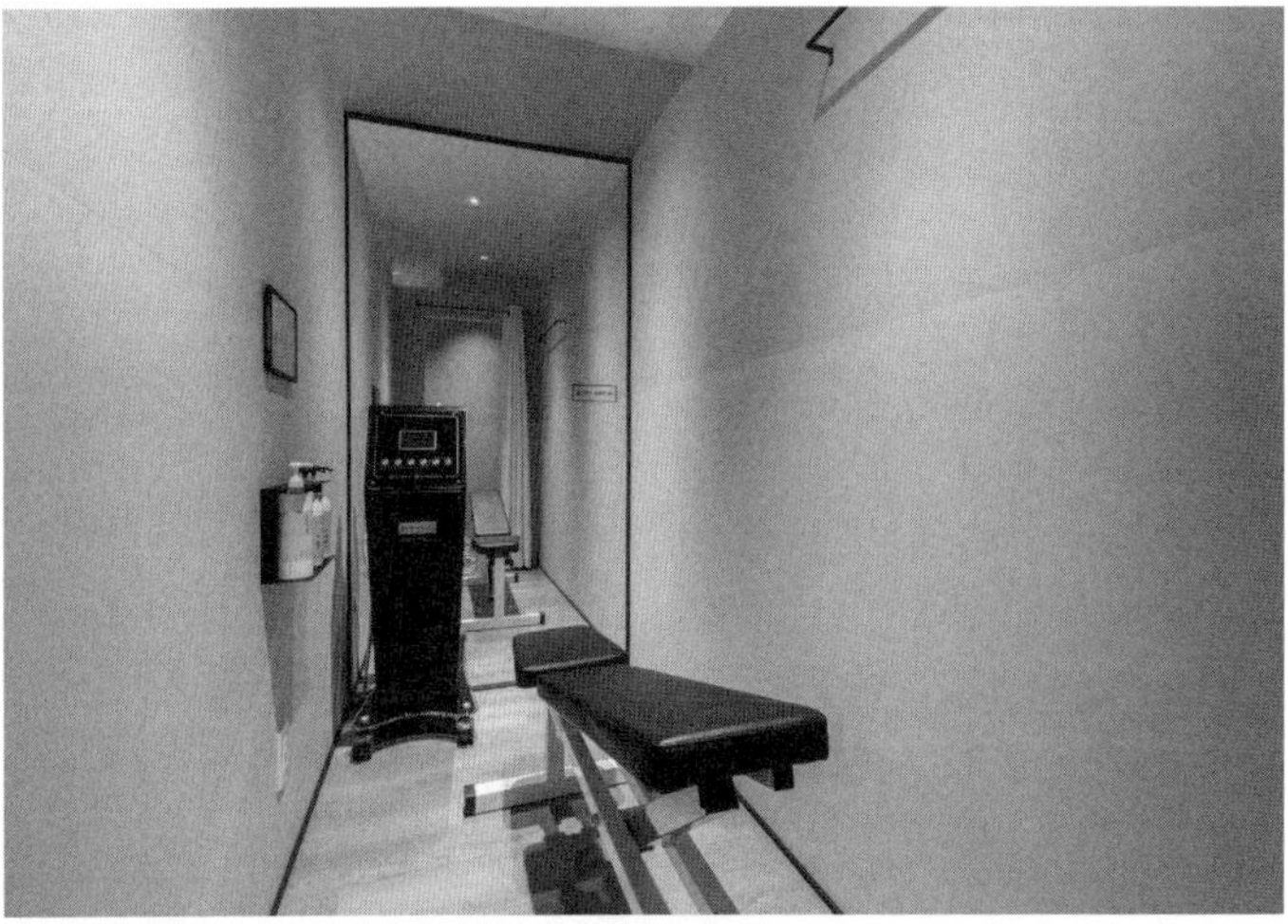

全室個室で、高性能なエステマシンを定額料金で使える。ストイックにボディメークしたいという女性のニーズをつかんだ

個性派ジムに活路

BODY ARCHIを運営するのは、東証1部に上場するネクシィーズグループ（東京・渋谷）。そのコア事業は2つある。1つは、飲食店やホテル、美容室、公共施設などにLED照明を貸し出すエネルギー関連事業。そして、もう1つは東証マザーズ上場の子会社ブランジスタが手掛ける電子雑誌の出版事業だ。

そして今回、3本目の矢として参入を決めたのが、女性専用セルフエステジムだった。

なぜ、異業種にもかかわらず、エステ×

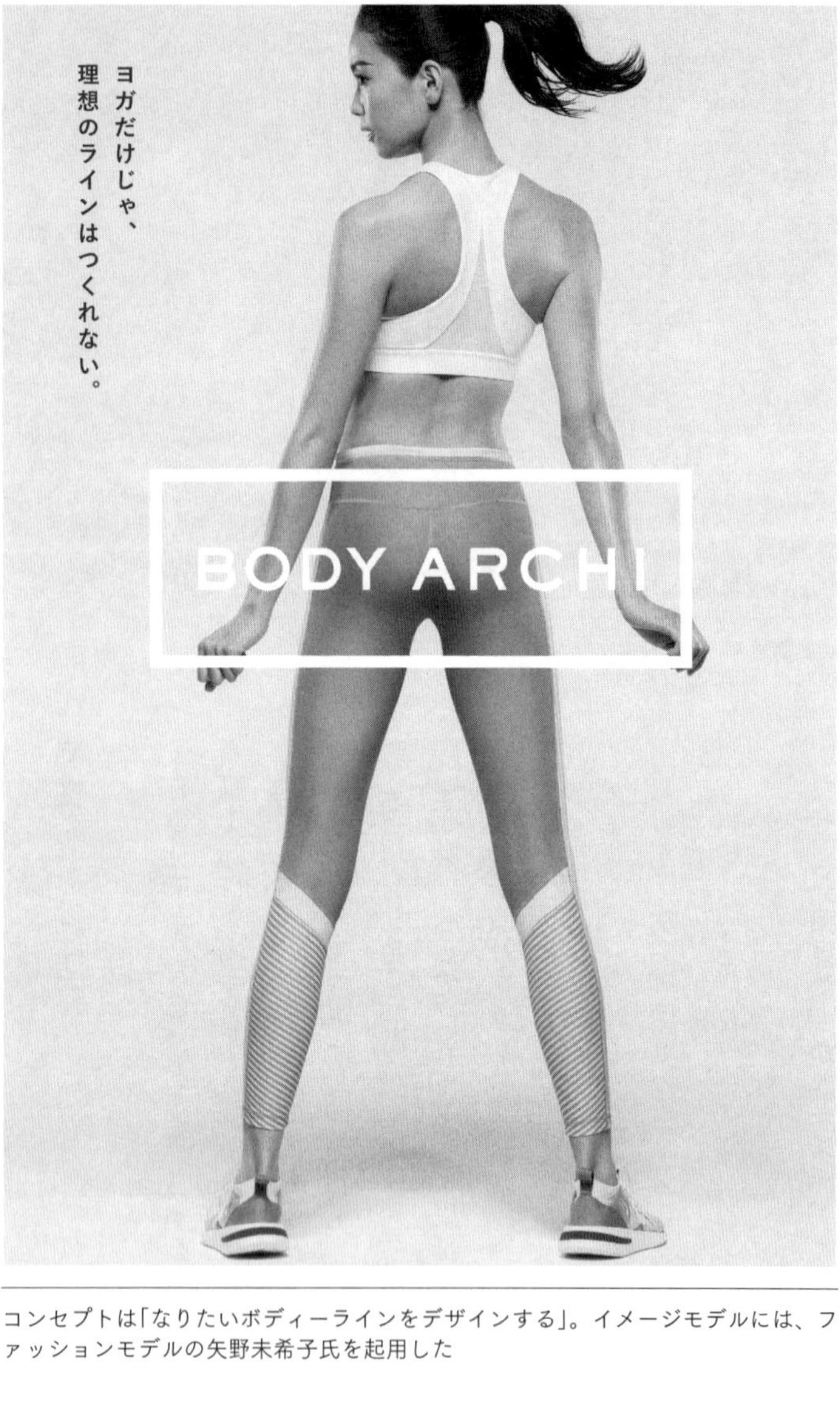
ヨガだけじゃ、
理想のラインはつくれない。
BODY ARCHI

コンセプトは「なりたいボディーラインをデザインする」。イメージモデルには、ファッションモデルの矢野未希子氏を起用した

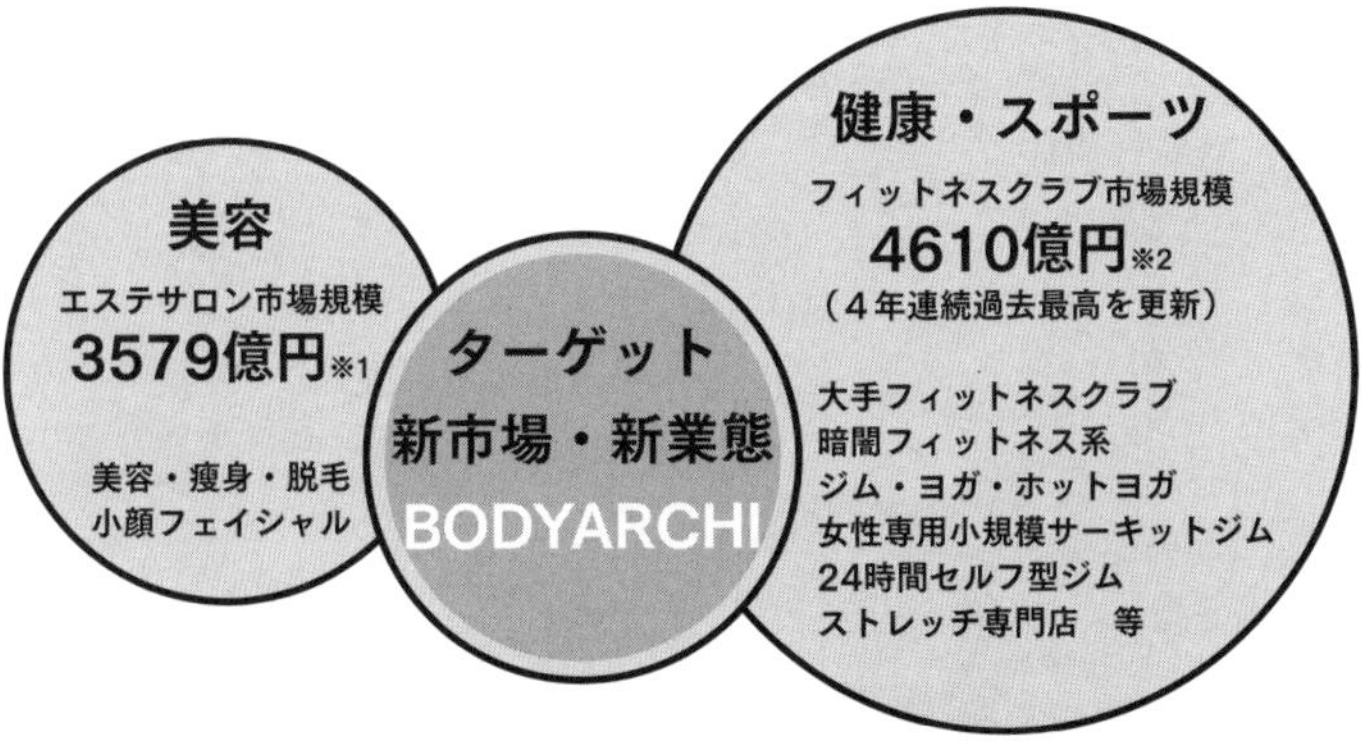

※1矢野経済研究所　エステティックサロン市場に関する調査（2017）より
※2公益財団法人日本生産性本部「レジャー白書2018」より

エステサロンとフィットネスクラブの市場規模。BODY ARCHIは、両者の中間を行く業態で勝負する

ジムという業態に打って出たのか。ネクシィーズグループ取締役社長室長の佐藤英也氏は、2つの数字を挙げる。

まず、エステサロンの市場規模は、2017年度で3579億円（矢野経済研究所調べ）。需要は底堅いが、近年は伸び悩んでいる。一方で、フィットネスクラブの市場規模は4610億円（レジャー白書2018）と、4年連続で過去最高を更新するなど伸び盛りだ。

コナミスポーツクラブやセントラルスポーツが展開する大型のフィットネスクラブに加え、近年はボクシングを取り入れた「b－monster（ビーモンスター）」や、米ニューヨーク発の暗闇バイクエクササイズ「FEELCYCLE（フィールサイクル）」など個性派ジムが次々と参入。ストイックに体を鍛えたいという、女性の需要を取り込んでいる。

「ナンバーワン」目指し、あえて閑散期に出店

佐藤氏いわく、「ネクシィーズは、ナンバーワンになれる事業しかやらない」。エステとフィットネスを共存させた業態は、大手が未参入の「ブルーオーシャン」であり、一気呵成に攻め込むことで、1番を取れると考えた。

1号店を表参道にしたのは、おしゃれと高級感が同居する街だからだ。ポイントは、あえて「閑散期」に出店したことにある。

一般的に、エステの繁忙期は4月から。水着になる夏を目指して美しくなりたいという女性が多いからだ。一方、体を鍛えたいという需要は年中ある。エステ×ジムで、どこまで利用者を取り込めるか、見極める狙いがあった。

表参道店の開業を発表し、グランドオープンまでは約20日間。蓋を開けると、エステ閑散期かつ、駅から1本路地を入った立地にもかかわらず、初回体験の申し込みは746件を数えた。

体験と言っても、無料ではない。45分間で1000円（税別、以下同）を払う必要がある。それでも、初回体験枠は争奪戦となり、開業から2カ月たった時点でも、体験待ちは300人をキープした。

8割以上が体験当日に入会

表参道店の目標月額会員は、800人。個室の数には限りがあり、利用時間も決まっているため、予約枠には限界がある。さらに、1会員につき月4～5回は通うと考えて、800人が限度とはじき出した。1日に4～5人入会すれば御の字と考えていたところ、1日10～15人のペースで会員は増え続け、オープン2カ月でほぼ目標会員数に到達した。

際立つのは、初回体験後の入会率の高さだ。実に8割以上が、体験当日に入会を決めた。当日入会で入会金2万円と初回体験料の1000円が無料になり、トレーニングウエアがもらえるという特典もさることながら、集客の原動力となった要因は価格設定にある。

インパクト重視で「月1万円から」

BODY ARCHIの月額利用料は、毎日15時までの利用なら45分コースで1万円、75分コースで1万2000円。「オールデイ」会員なら45分コースで1万3000円、75分コースで1万5000円。

この1万円からという料金設定は、インパクト重視で決めた。セルフサービスと言っても、導入したエステマシンは、1台4役をこなせる本格派。脂肪の深くまで集中的に加温する「ダブルラジオ波」や、筋肉に電気刺激を与える「EMS」、肌の奥まで美容成分を浸透させる「ポレーション」、肌を活性化させる「LED照射」の4機能を備え、むくみや冷え、たるみ、固太り、肌荒れといった女性ならではの多様な悩みに対応する。

ネクシィーズグループによると、高級エステサロンで同様の施術をすれば1回2万~3万円かかる。「今となっては、正直、(月額1万円台は)安すぎたかな、とも思うが、だからこそ評価されたのかもしれない」(佐藤氏)。

実は、「セルフエステ」を掲げる店は、以前からある。思うように広がらないのは、初期投資額が高いからだ。

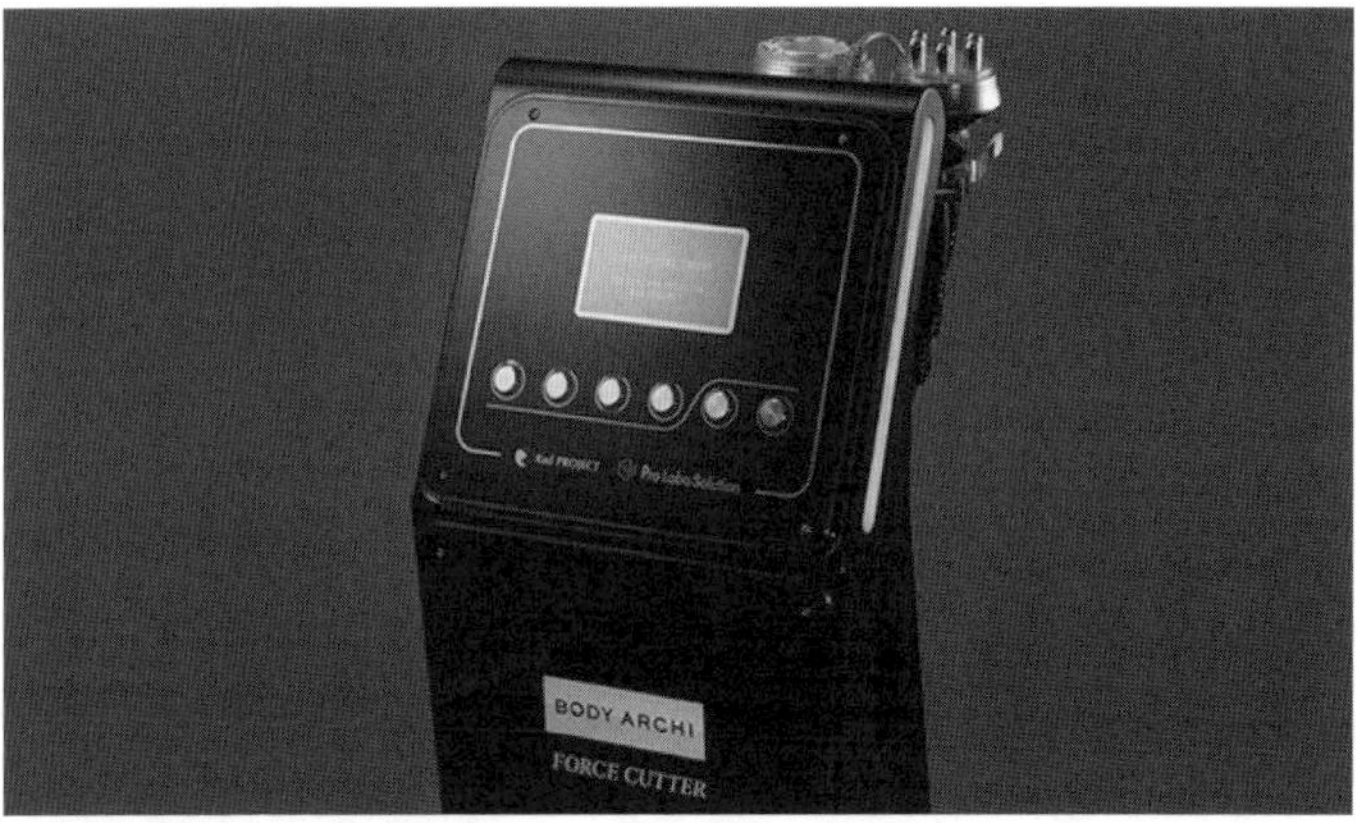

1台4役に対応できる高性能のエステマシン「フォースカッター」。各個室に1台導入しており、時間内なら使い放題だ

エステティシャンを雇わなくていい一方、個室の数だけエステマシンが必要になる。例えば、BODY ARCHIの表参道店は21室あるため、マシン代だけで5250万円（250万円×21台）。ここに内装の工事費などが上乗せされる。多店舗展開するには相当な資金力がないと難しい。裏を返せば、一気に資本を投下してシェアを取れば、誰も追随できなくなるだろうと読んだ。

猛スピードで資本を投下へ

秘策は、LED照明を爆発的に普及させた自社のビジネスモデル「ネクシィーズ・ゼロ」にある。工事費も含めて、ネクシィーズ側がLEDの導入費用を全額負担するという内容で、簡単に言えば「初期投資が完全にゼロになる」プランだ。

照明を白熱電球や蛍光灯からLEDに替えると、電気代は大幅に下がる。下がった分の電気代から、5年間計60回の分割払いで、LEDのレンタル料を返済してもらうのだ。LEDには5年保証を付け、完済した暁にはLEDを導入先に引き渡す。「初期投資をかけずして、コストダウンが図れる」という触れ込みで、飲食店から大型ホテルまで、6年間で約3万6000件の成約をまとめ上げた。

ネクシィーズは、このビジネスモデルをLED以外にも展開し、例えば、1台100万円するような業務用冷蔵庫や、高額な空調設備の導入費用を全額負担。LEDと同様に、分割払いで投資額を回収するスキームで、契約数を伸ばしている。

ターミナルにはドミナント展開も

BODY ARCHIも、この「ネクシィーズ・ゼロ」のスキームで、急拡大を狙う。共同事業パートナーを募り、加盟金はもちろん、内装工事やエステマシンの導入費用、研修費用を、すべてネクシィーズ側が負担。初期費用「ゼロ」で開店できるようにし、営業開始後、店舗の売り上げから5年間60回の分割払いで初期投資額を回収する。

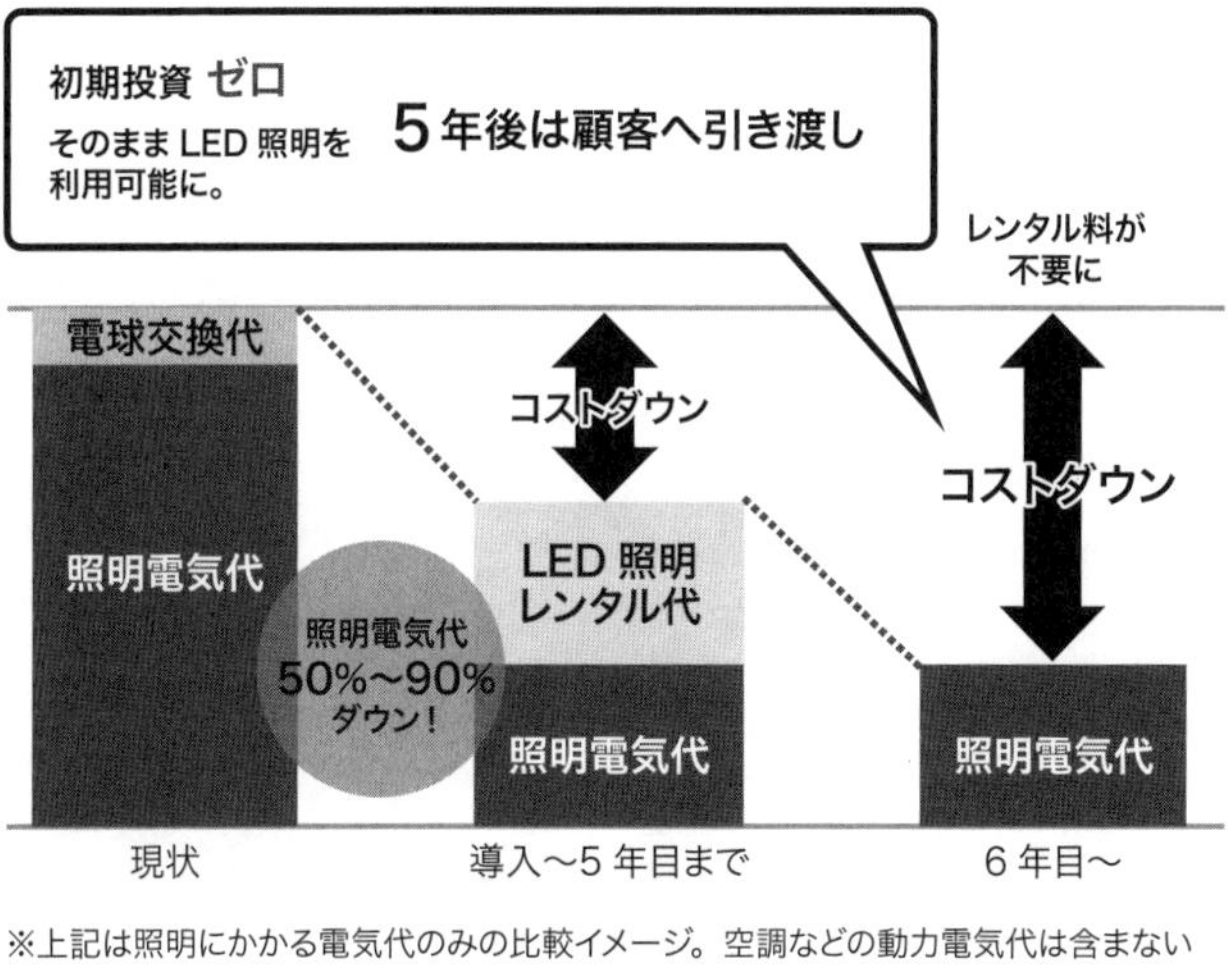

※上記は照明にかかる電気代のみの比較イメージ。空調などの動力電気代は含まない

初期費用ゼロでLEDを導入できる「ネクシィーズ・ゼロ」のビジネスモデル。これをBODY ARCHIにも導入する

パートナー企業に求めるのは、物件を見つけて契約すること。つまり、店舗さえ見つければ、すぐに事業が始められるようにする。

1店当たりの規模は40～50坪（132～165平方メートル）で、従業員は常時4～5人、エステマシンは10～20台。目指すは年内に20店で、3年間で100店まで広げる計画だ。まずは東京から攻め、大阪や名古屋など、主要都市に広げる。ネクシィーズは全国各地に支社を持つため、その機動力を生かす考えだ。

ターミナル駅なら、ドミナント展開も辞さない。「渋谷だと2店あっても足りないだろうし、銀座だと3店あってもいい」。佐藤氏は、表参道店でノウハウを積み上げ、「春までにポンポンと店を出したい」と先を見据える。

「大人かっこいい」発信、あえて「ビジターコース」も

では、実際にどんな人が利用しているのか。表参道店では20代から50代まで幅広く、平均年齢は35歳だった。75分の長時間コースを選ぶ人が多いのが特徴だ。美意識が高く、金銭的に余裕が出てくるのは20代の後半から。ＢＯＤＹ ＡＲＣＨＩでは、ブランドプロデューサーに、ローソンの「Ｕｃｈｉ ｃａｆé Ｓｗｅｅｔｓ」や渋谷ヒカリエのレストランフロア、東京會舘新本舘を手掛けた柴田陽子氏を起用。ウェブ広告やインフルエンサーを通じて積極的に「大人かっこいい」を発信した成果が出た形だ。

料金プランをよく見ると、45分コースと75分コースに加え、「ビジターコース」がある。利用時間は45分間のみで、来店ごとの都度払い。15時までなら５０００円、15時半以降なら６０００円。２回以上通うなら、会員になったほうが元が取れる計算だ。

「ウナギ屋で松、竹、梅とあって、梅を頼む人は少ない。たいていは真ん中の竹を選ぶか、

少しお金のある人は松にいく。では、なぜ梅があるのかといえば、真ん中以上を選ばせたいから」（佐藤氏）。ビジターコースの存在が、結果的に月額会員の獲得に貢献している。

好スタートを切ったBODY ARCHIだが、仮に初期費用が6000万円かかったとして、60回払いなら、毎月の支払額は100万円に上る。つまり、それだけの集客力を維持する必要がある。ネクシィーズ側にとっても、投資額の回収に失敗すれば多額の「不良債権」を抱える。信用力が高く、経営力がある企業をいかにパートナーとして囲い込めるか、目利き力も試される。

こうした課題はあるが、見込み通りに全国に広がれば、「セルフエステジム」は一大ブームになるだろう。新たなサブスクサービスとして軌道に乗せられるか。まさにスピード力が鍵を握る。

Chapter06

撤退の研究

顧客との継続的なつながりを維持するのに役立つサブスクリプションサービスだが、そこにはまた、いくつもの落とし穴がある。ここではAOKIホールディングスの「ｓｕｉｔｓｂｏｘ」撤退の深層を探る。鳴り物入りでスタートした定額制スーツレンタルサービスが、多数の申し込みを集めながら、開始からわずか半年でサービスを終了した背景にあった「４つの想定外」とは。「カミソリ」や「日本酒」の分野における撤退事例とともに、サブスクリプションサービスに参入するに当たっての注意点と教訓を学びたい。

Case01

AOKIホールディングス「ｓｕｉｔｓｂｏｘ」

スーツレンタル半年で撤退、4つの想定外

スーツの製造販売を手掛けるAOKIホールディングスは2018年11月、サブスクリプション型スーツレンタル「ｓｕｉｔｓｂｏｘ」を終了。開始から約半年での撤退となった。終了の理由は大きく4つの「想定外」が挙げられそうだ。

AOKIホールディングス子会社でファッション事業のAOKIは18年10月に前社長の中村宏明氏が辞任し、諏訪健治氏に社長の座を明け渡している。関係者によれば「社長交代後に新規事業の見直しが入った」という。「ｓｕｉｔｓｂｏｘ」もその対象となったようだ。

ｓｕｉｔｓｂｏｘのウェブサイトのトップページには「現在の事業環境及びサービスの利用状況を鑑み、シェアリングサービスｓｕｉｔｓｂｏｘの営業を終了させていただくこととなりました」と、サービス終了の理由を記載している。

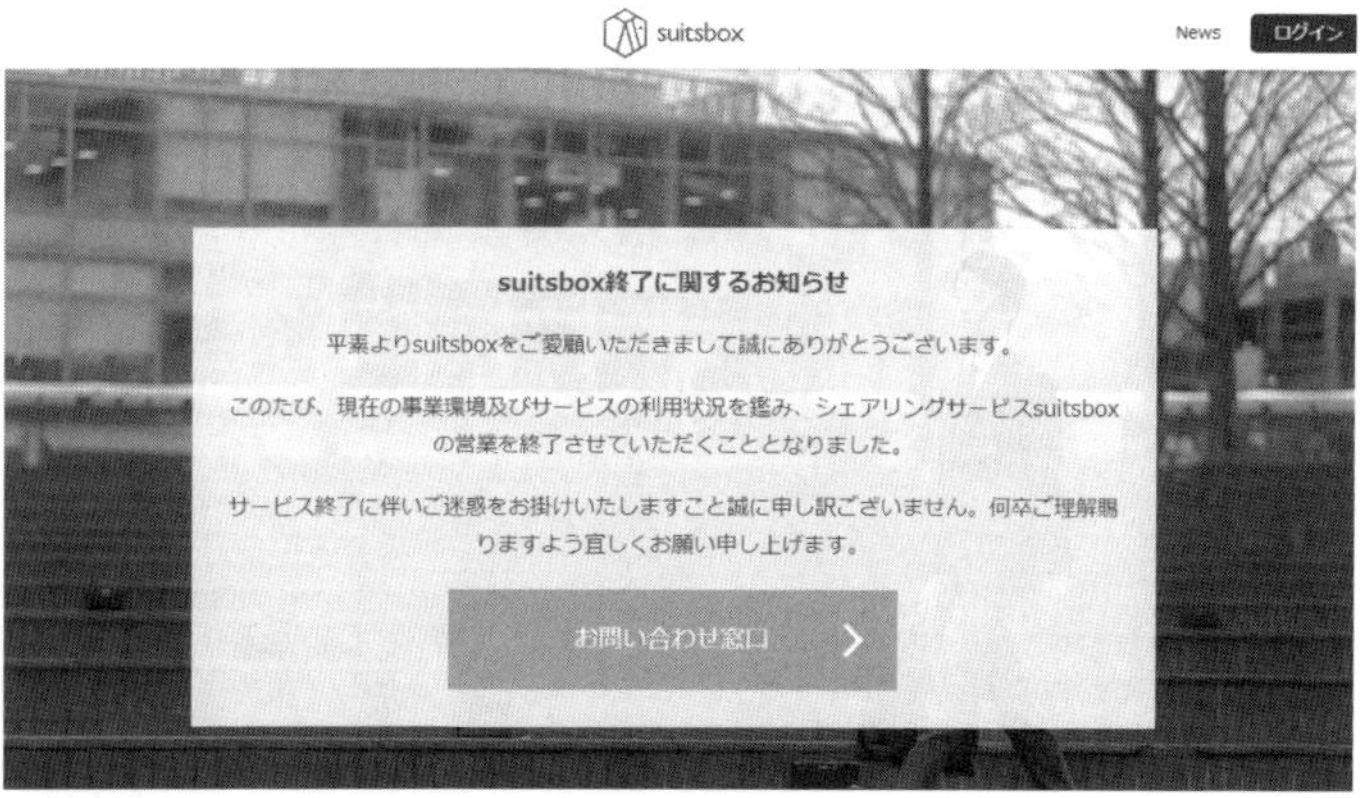

AOKIの「suitsbox」は開始から半年で終了。その理由は

同サービスは月額7800円（税別）からでスーツ、シャツ、ネクタイのセットを借りられるサービス。普段着ているスーツのサイズや、好みのスーツを登録することで、スタイリストが選んだスーツが届く。借りたスーツを返却することで、月1回まで他のスーツに交換できる。

周到に開発を進めたが…

AOKIにとってsuitsboxは既存店の売り上げ減少を補うためのEC（電子商取引）戦略における意欲的な一手となるはずだった。AOKIの19年3月期第2四半期のファッション事業の売上高は、前年同期比で3・6％減となる446億4400万円。総利益は4・3％減の263億7200万円と振るわない。若者のスーツ離れや働く服装の自由化などが直撃。既存店の減収の他、不採算店舗の撤退による売上減が響いた。

厳しい競争環境に置かれた中で、ECによる活路を開くべくｓｕｉｔｓｂｏｘは開発された。「所有」から「使用」へと移り変わる消費トレンドに対応することで、新規顧客を獲得する目算だった。クラウドファンディングの「Ｍａｋｕａｋｅ」を活用して、事前に〝顧客内定者〟を集めるなど周到にサービス開発を進めたものの、あっけない幕切れとなった。同9月から申し込み多数による品不足を理由に新規会員の受け付けを停止していたが、再開を迎えることなく終了した。

終了の理由は、大きく４つの「想定外」が挙げられそうだ。

ターゲットは20～30代だったが…

最大の「想定外」は、事前に想定した利用者層と実際の利用者のズレだった。ｓｕｉｔｓｂｏｘはスーツ離れが進む若者をターゲットに「所有」するのではなく、「使用」できるスーツとして開発した。対象とするターゲット層は20代、および30代だった。ところが蓋を開けてみれば「実際の利用者の年代は40代が中心となり、狙いとのずれがあった」（ＡＯＫＩ）。

ＡＯＫＩの既存事業の顧客層の中心である40代がｓｕｉｔｓｂｏｘの利用者層の中核を占め

ファッション事業－2019年3月期に向けた取組み
既存店の活性化と収益基盤の再構築
環境
●厳選した出店
AOKI :2店舗
ORIHICA :3店舗
●リニューアルによる店舗環境整備の継続(約90店舗)
AOKI :レディスコーナーの大幅改装(渋谷宮益坂店)
●大きいサイズ(Size MAX)の展開拡大
時代のニーズに対応した施策
●NECSAS
会計業務の効率化と顧客満足の向上
●EC販売の強化
自社サイトの利便性の向上
商品構成の充実
●スーツサブスクリプション「suitsbox」の展開
suitsbox
suitsbox
ORIHICAジョイナステラス二俣川店
(4月オープン)
渋谷宮益坂店 外観イメージ
渋谷宮益坂店 店内イメージ
株式会社AOKIホールディングス 26

AOKIホールディングスが2018年5月25日開催した決算説明会では「suitsbox」が収益基盤の再構築の1つになると期待がかけられていた（説明会資料より）

ては、売り上げ減などの影響を与えかねない。伸び悩む既存事業の保守と、新しい収益モデルの確立との狭間で揺れる大手企業ならではの苦悩が垣間見える。

商品構成が難しい

2つ目は商品構成だ。同社は実際にサブスク型のサービスをメーカーが提供することで分かった課題として、「AOKIの既製品の有効活用を図る狙いもあったが、レンタルするアイテムとしてはユーザーが求めるデザインやバリエーションの満足度を高めるには、商品構成が難しい

AOKIホールディングスは「ORIHICA」ブランドで若者市場を開拓

という判断に至った」（ＡＯＫＩ）と答えた。

社内とはいえ、顧客の期待に応える商品は自在に調達できるわけではないだろう。顧客満足度が低ければ短期間での退会を招き、ＬＴＶ（顧客生涯価値）が低下し、新規の顧客獲得コストがかさむ。

それらの結果として、「システム構築費ならびにサービス運用コストがかさみ黒字化が見込めない」（ＡＯＫＩ）ことが、サービス終了を判断した最終的な理由だ。

運用コストも収まらず

３つ目の想定外は運用コスト。ｓｕｉｔｓ－ｂｏｘは自社で物流網を持たず、寺田倉庫の提供する倉庫代行サービス「ｍｉｎｉｋｕｒａ」を活用するなど、極力コストを抑えた事業モデルの構築を目指したものの、想定内の運用コストには収まらなかったようだ。

事業単体での収益確保が難しいため、「ＡＯＫＩの既存店やＥＣサイトへの相互送客を図った」（ＡＯＫＩ）ものの、「想定以上の効果を得ることができなかった」という。これが４つ目の想定外。こうした要因でサービス終了の判断に至ったようだ。

難しい利用継続率の試算

ＥＣの発展とサプライチェーンの進化でメーカーも直接消費者に商品を届けるサブスク事業や、シェアリング事業を展開できる環境が整っている。だが、ブームに乗って飛びついては成功は見込みにくい。

「ラクサス」を展開するラクサス・テクノロジーズ社長の児玉昇司氏は「高いものを安くする。複雑なものを簡単にする。時間を短縮する。これらのいずれかにつながるサービスにマネタイズにつながりやすい」と説明する。

ラクサスは「高価なブランドバッグを安価で借り放題」という事業モデルが支持され、95％という驚異的な継続率を誇る。女性が毎日使う継続性があり、かつ中古の利用に抵抗の少ないバッグに目を付けたことも成功の要因としては大きい。「所有」から「使用」に消費のトレンドは移り変わっていることは間違いない。しかし、所有するより圧倒的に利便性が高くなければ、使用への移行は進みにくい。

こうしたユーザーの期待に応えるサービス設計に加えて、大企業にとっては既存事業とのカニバリゼーション（共食い）という問題もある。また、特に直接の顧客接点を持たないメーカーには未知の領域である利用継続率の試算など、サブスク事業の企画、運営は一朝一夕にはいかないことが、業界の先駆者となったｓｕｉｔｓｂｏｘの事例から学ぶことができる。

column

カミソリ、日本酒…撤退企業が明かす成否の分かれ目

サービスを終了・撤退した先行事例には学びの種がある。事前の想定とどこにズレがあったのか。米国で人気の男性用カミソリや日本酒のサブスクリプションに取り組み、撤退した企業の関係者がその成否の分かれ目について語る。

「2018年5月の発送を最後に、サービスの終了をさせていただくことになりました。長らくのご利用ありがとうございました」――。

男性用カミソリの定期購入サービス「Tokyo Shave Club」（TSC）が18年5月、サービスを終了した。TSCは、スタートアップ企業のOpenUpが13年の12月に開始した、カミソリの替え刃を毎月配送するサービス。6枚刃の技術・構造で特許を持つ韓国ドルコ製の替え刃を販売していた。利用料金は、6枚刃の替え刃3個で月800円（送料無料）のプレミ

tokyoshaveclub.com
TOKYO SHAVE CLUB
TSCに入会する
ユーザーログイン
サービス終了のお知らせ
2018年5月の発送を最後に、サービスの終了をさせていただくことになりました。長らくのご利用ありがとうございました。

男性用カミソリの定期購入サービス「Tokyo Shave Club」が終了

アムプラン、4枚刃の替え刃3個で月600円（送料無料）のスタンダードプラン、2枚刃の替え刃4個で月100円（別途送料）のシンプルプランの3種類。

このサービスは米国で成功を収めたカミソリの定期購入サービス「Dollar Shave Club」（DSC）のビジネスモデルを日本に持ち込んだものだった。やはりドルコ製の替え刃を販売し、料金体系もほぼ同様のDSCは、12年にサービスを開始。4年で会員数300万人超、売上高も200億円を超え、16年7月にユニリーバが10億ドルで買収している。それだけにTSCにも期待がかかったが伸び悩み、18年春サービス終了に至った。

TSCの事業関係者から、サブスクビジネスの課題や難しさについて話を聞いた。

米国の先行成功事例を踏襲したが撤退

TSCの誤算は、一にも二にも新規客の獲得でつまずいたことだ。これが最後まで尾を引いた。サブスクビジネスにおいては、高額コースへのアップセルや解約率を抑えることなど、事業の成否を左右する重要なポイントがいくつかあるが、TSCの場合、まず基盤となる十分な契約顧客数を確保できなかった。

その原因として2点考えられる。1つはカミソリの購入環境の違い。コンビニエンスストアでもドラッグストアでも多くの店でカミソリを取り扱っていて店頭で自由に手に取れる日本に対し、米国ではカギ付きのケースに入っていて店員に開けてもらうタイプの店が少なからずあるという。そのため、店頭に出向かずとも定期的に替え刃を配送してくれるサービスに対する〝ありがたみ〟の感度が米国は総じて高いようだ。

もう1つは、初期プロモーションの不発。DSCの成功要因は、初期プロモーションで爆発的なバズを起こして多数の契約者の獲得に成功したことだった。12年3月に公開したYouTube動画の再生回数は公開1カ月で500万回に達し、現在は2500万回を超えている。

やんちゃ風な創業者が自ら登場するDSCのPR動画は、のっけから「OUR BLADES ARE F**KING GREAT」と〝ピー音〟を交えて快調に飛ばし、カミソリ大手ブランドの「ジレット」と「シック」にケンカを売る。「君はブランドのカミソリに月20ドルも払うのが好きなのか？　うち19ドルは（ジレットの広告に出演している）ロジャー・フェデラーの元に行ってるんだぜ」といった具合だ。1分半の動画の最後は「shave time, shave money」というキャッ

全米でバズった「Dollar Shave Club」のYouTube動画（https://youtu.be/ZUG9qYTJMsI）

チコピーで締めくくる、秀逸な動画だった。公開2日で1万件を超える注文があったというのもうなずける。なおこの動画は同年、広告業界向けメディア「Ad Age」主催の「Digital Viral Video Awards」で「Best Out－of－Nowhere Video Campaign」を受賞している。

地道な啓発は響かず

ジレットとシックの2強が市場シェアを押さえ、店頭の棚を支配している状況は日本も同様だ。ただし、日本では挑戦者の立場でも他社を批判するような広告はあまり好まれない。TSC

は、そり味の悪くなった刃を替えずに使い続けると肌を傷つけ、色素沈着などの原因になることや、1週間から10日ほどで刃を換えたほうがよいことなど、カミソリの豆知識や定期購入サービスのメリットを地道に訴求、啓発した。だがコンテンツとしてのインパクトは薄く、注文には直結しなかった。

顧客数が伸び悩めば、仕入れにも影響が出る。ボリュームディスカウントが効かず、想定の仕入れ値で調達できなければ、利益を圧迫する。こうして成長が見込みづらくなったことが撤退判断につながったようだ。

一方、顧客数は想定を下回ったものの、解約はほとんどなく、顧客の利便性は満たしていたと言える。したがって、カミソリのサブスクという選択肢がユーザーに支持されなかったというより、その存在を知られないまま終了した感が強い。

「卒業」モデルに見切り

もう1つ、サブスクモデルからの撤退例として、日本酒のサブスクEC「SAKELIFE」がある。日本酒に特化した事業を展開するベンチャー企業、Clear（東京・渋谷）が運営していたSAKELIFEは、ビジネスとして利益が出て好評を得ていたものの事業譲渡し、現在は他社が別名称で手掛けている。

ＳＡＫＥＬＩＦＥは、創業５００年の老舗酒屋店主の目利きで、顧客の好みに合わせて厳選した日本酒を定期的に届けるサービス。料金コースは、月額５２５０円（税込み、以下同）で一升瓶が届く「ぐい呑み」コースと、月額３１５０円で四合瓶が届く「ほろ酔い」コースの２種類。ブログモニターキャンペーンなどネットプロモーションを実施して着実に会員数を伸ばしていた。

誤算だったのは、契約後２年前後で会員が〝卒業〟していくことだった。「自分の好みの日本酒が分かってきた」「自分で選べる自信がついた」といった感謝の言葉を残していることから、サービスへの不満からの解約ではなかった。ＣｌｅａｒのＣＥＯ生駒龍史氏は、「『日本酒に興味があっても選び方が分からない』という人に向けて日本酒の楽しみ方や選び方を伝える当初の事業目的は果たせたが、事業を大きくスケールさせるには向かなかった」と振り返る。

「個別選定」も負荷に

サービスの質向上のため、顧客の嗜好に合わせた銘柄選びに注力したことも負荷がかかる要因だった。事前アンケートで甘口・辛口などの好みを聞き、それに合わせて個別に選定した日本酒を配送。その満足度の回答から次のお薦め銘柄を選ぶという作業を忠実に実行していた。この手間は本来、満足度の向上からLTV（顧客生涯価値）の向上につながるところだが、卒業モデルだったことがネックになった。SAKELIFEを譲渡後は、日本酒情報メディア「SAKETIMES」、高級オリジナル日本酒に特化したEC「SAKE 100」の運営にかじを切って、規模の成長を目指している。

サブスクブームとはいえ、サブスク型に切り替えさえすれば成功するほど甘い世界ではない。他にもサービスから撤退した事例はある。自社でサブスク型ビジネスを展開する場合、どこに課題や難点があるか、業界を問わずヒアリングし、シミュレーションすることが成功の確度を高めることになるだろう。

Chapter07　特別講座

サブスクリプション成功のための5つの要点

絣川 謙（かせがわ・けん） CustomerPerspective 代表取締役

大手企業の参入で注目を浴びる「サブスクリプション」事業はどう構築するか。経営コンサルティングや金融業界を経て、アマゾンジャパンで10年以上にわたりマーケティングや「Ａｍａｚｏｎプライム」の責任者を務めた、CustomerPerspective の絣川謙代表が解説する。

はじめに

サブスクリプションサービスの急速な拡大が続いています。新しいビジネスモデルによる新規事業のアプローチとしても大いに注目されています。「日経ＭＪ」の２０１８年ヒット商品番付の「西の大関」は、サブスクリプションでした。キーワード「サブスクリプション」でのＧｏｏｇｌｅ検索数も16年を境に急増し、19年時点でも前年比でプラス83％と大幅に伸び

	メーカー	流通・サービス	デジタル
売り切り	・ネスレ日本「ネスカフェアンバサダー」 ・資生堂「Optune」 ・キリンビール「ホームタップ」	・頒布会 ・定期購入 ・EC・通販会員プログラム ・ゼロカフェ「ゼロ Cafe」	・デジタルビデオ ・デジタルミュージック ・月額制ソフトウエア ・月額課金モバイルアプリ
シェア	・ストライプインターナショナル「メチャカリ」 ・レナウン「着ルダケ」	・IDOM「NOREL」 ・トラーナ「トイサブ！」 ・キーザンキーザン「Leeap」 ・クローバーラボ「KARITOKE」	

一般的に「サブスクリプション」と呼ばれているビジネスの分類図

注：日経クロストレンド特集「買わない時代のサブスク事業構築法」第1回に掲載された分類図に、デジタルサービスと具体例を補足した

ています。

魔法の解決策なのか

古くから存在する流通系のサービスに加え、音楽や映画、ソフトウエアなどのデジタルサービス、メーカーが提供するサービスも登場し、今やサブスクリプション百花繚乱。「これからのビジネスモデルはサブスクリプション。経営者の多くの問題がこれで解決する」といった論調も目にします。

とはいえ、サブスクリプションは、果たして魔法のような解決策なのでしょうか。いわゆる「サブスクリプション」を、すべてをひとくくりに考えてよいので

しょうか。

私はカスタマーとして、「サブスクリプション」といわれている多くのサービスを利用しており、ビジネス側からも長年さまざまな形で携わってきました。現在もコンサルタントとして、クライアントのサブスクリプション事業構築に関わっています。

この講座ではカスタマー視点とビジネス視点、コンサルタントとしての視点から「サブスクリプション」の共通項と本質に焦点を当てたいと思います。そして、「ビジネスを構築するうえで、考えるべき基本的課題」をカバーするのを目標とし、5つの要点を軸に考えます。

〈5つの要点〉
(1) サブスクリプションの本質とは
(2) 適切な料金、どう決める?
(3) KGI、KPIはどう立てる?
(4) マーケ予算はどれだけかけるべきか
(5) 新たな種をどう見つけ、育てるか

要点1● サブスクリプションの本質とは

継続性と定額制がもたらすメリットとデメリットを知る

サブスクリプション事業にはどんなメリット、デメリットがあるのか。その訴求力を検証するには、「ウイン・ウイン・マトリックス」が有用だ。

210ページのサブスクリプションビジネス分類図の中心に、頒布会、定期購入という聞き慣れたサービスがあります。サブスクリプションは、実は古くから存在するビジネスモデルです。デジタル技術の発展や、「所有から利用へ」という価値観の変化にも乗り、その領域が大幅に拡大してきたのです。

これらのビジネスに共通するのは、カスタマーとビジネスの双方がサブスクリプションを通じ、サービスの提供と継続的利用を約束することで成り立つことです。この「継続」が本質であり、ビジネスの構築には、長期的な視点が不可欠です。継続的な利用を約束してくれるカスタマーを多く獲得・維持し続け、その期待を上回ることができれば、長期的に素晴らしいサブスクリプション事業を構築することができるでしょう。そして継続的であることに加え、料金を定額制・使い放題としているサービスも多く存在します。定額使い放題＝サブスクリプションという見方をしている解説もあるほどです。

本節では、継続性というサブスクリプションの本質と、定額制という多くのサービスの共通項に焦点を絞り、カスタマー視点・ビジネス視点からメリット・デメリットを深掘りします。以上の多角的な視点から、サブスクリプション事業の訴求力を検証できるようにすることが目的です。

カスタマー視点からのメリット 事前に決める必要がない

カスタマー視点からのメリットとしてまず挙げられるのは、事前に「決める必要がない」ということです。継続して利用するので、使う商品などは後から選べばよく、まして使い放題なら加入時に決める必要はなくなります。これに関連する「探す必要がない」というメリットもあります。良いものを探すには時間がかかります。「高品質なものが継続的に提供される」ことが分かっていて、お任せにできれば時間の節約になります。定額で使い放題のサービスであれば、多くのサービスやコンテンツを体験でき、料金によってはとてもお得になります。

皆さんもホテルのランチで、食べ放題のビュッフェメニューと個別メニューがあり、ビュッフェメニューを選んだ経験があるかもしれません。食べるものは後から選べばいいし、好きなものはいくらでも食べられるので、お得に感じるからです。

22ページで紹介されている、高級バッグ借り放題のサービスを提供するラクサス・テクノロジーズ社長の児玉昇司氏は「選ぶ苦しみから解放する」サービスを目指したと言っています。高級バッグは数十万円することもあるので、月額６８００円（税別）という料金は2桁少なく、お得感があります。

デジタルミュージックや映画のサブスクリプションサービスは、定額制で音楽が聴き放題、映画も見放題のものが一般的です。私はかつて好きなアーティストの作品に絞って、CDやデジタルミュージックを購入していました。今やデジタルサブスクリプションのおかげで、以前とは比較にならないほど多くの作品に触れ、生活の中で音楽に接する時間が劇的に増えました。

カスタマー視点からのデメリット　約束しなければならない

カスタマー視点でデメリットとなるのは「約束しなければならない」ことによる心理的なハードルの高さです。提供されるサービスや商品をよく知っており、価値が十分に分かっていればよいのですが、そうでなければ「これから継続的にサービスを利用します」と約束することにリスクがあります。また、サブスクリプションは入会に手間がかかるのが一般的です。その一因は、クレジットカードをはじめとする継続的な支払い方法の登録にあります。

サブスクリプション事業を構築するうえで重要な点の1つは「心理的ハードルの高さ」を解決することです。サブスクリプションの多くが「無料体験」を提供し、一定期間ノーリスクでサービスを利用できるようにしている理由は、ここにあります。登録のプロセスをシンプルにし、考えることなく短時間に登録できるようにすることも会員獲得を大きく左右します。私はかつてクレジットカードの入会登録フォームを徹底的に簡素化することで、獲得件数が50％も増えて驚いたことがあります。

手続きを明示し、お客さまがスムーズに退会できるようにすることも大切です。サブスクリプションの中には、退会を意図的に難しくしていると思われるサービスも目にします。「退会しないでほしい」というビジネス側の意図は分かるのですが、逆に入会の心理的ハードルを上げてしまうことにも注意すべきです。

皆さんもマーケティングを解説する記事で「顧客を囲い込む」という表現をよく目にするのではないでしょうか。私は「囲い込む」よりも「いつでも出られる」が、顧客に「ずっと会員でいたい」と思ってもらうための努力が、長期的な成長にはずっと大切だと考えています。サブスクリプション事業で成功している企業のお話を聞くと、一旦退会したが、再入会している会員が相当数存在します。一旦離れても、やめた後にサービスの価値を再度実感し、戻ってきてくれたのです。戻ってもらうには「スムーズにやめられたし、良い体験だった」という信頼感を持ってもらうことが不可欠です。

ビジネス視点からのメリット　継続的に収益が上がる

ビジネス視点からのメリットとしてよく挙げられるのは、継続的に収益が上がってくることです。もう一歩深掘りしてみましょう。このメリットを「マーケティングの視点が180度変わること」「顧客とのつながりを深くできる（エンゲージできる）こと」の2つの要素に分けて考えたいと思います。

第一に、一旦、新規顧客を獲得できれば「継続的な収益」を既に顧客から約束してもらっているので、マーケティングは「再度売る」から「退会しないように顧客を維持する」へと、方向が180度転換することになります。再度売り込み、買ってもらうことは、どんなビジネスでも容易なことではないので、この転換は大きな違いです。

第二に、顧客とのつながりを考えてみましょう。先ほどのランチの例に戻ると、皆さんはビュッフェランチで食べ過ぎた経験はないでしょうか。ここには「せっかく払ったのだから、モトを取ろう」という心理も働いています。私はこれを「ビュッフェランチの法則」と人に説明しています。たくさん食べてくれたということは、顧客が多くの価値を感じ、気に入ってくれたことの証しで、マーケティング視点からは、「顧客とのつながりが深くなった（顧客をエンゲージできた）」と言い換えることができます。

「人間は習慣の生き物」なので、一旦気に入ってくれたら継続して使ってくれる可能性は大です。「顧客を維持すること」と、「顧客をエンゲージすること」は表裏一体の関係にあり、この2つの施策をしっかりと行い、顧客の信頼を獲得することが、継続的な収益につながります。

ビジネス視点からの注意点　料金設定が難しい

一方、デメリットとは言えないのですが、ビジネス視点からの注意点もいくつか存在します。まず、料金設定が難しいことです。特にサービス導入時は過去のデータがないので、どんな料金でどれくらいのカスタマーを獲得できるのか、カスタマーがどれくらい利用するのかが分かりません。継続する事業なので、頻繁に料金を変えたら信頼を損なってしまいます。そのため事業計画の策定は容易ではありません。料金設定は次節で深掘りします。

また、「決める必要がない」「探す必要がない」とカスタマーに思ってもらうには、サービスを体験する機会や情報提供を通じ、「高品質なものが継続的に提供される」という信頼感を獲得することが鍵となります。カスタマーは「お任せしたい」「好きなものを選びたい」という、時として相反するニーズを持っているので、品ぞろえの拡大や、有料の追加サービスの提供などで選択肢を幅広くすることも重要です。

サービスの質を継続的に担保することも、大きな課題となる可能性があります。デジタルを除き、一度に提供できるものやサービスの量に限りがあるサブスクリプションでは、急速にカスタマーが増えたときに供給を確保できるかを考え、お客さまをがっかりさせないよう注意しなければなりません。

「ウイン・ウイン・マトリックス」で検証

以上の視点を使って、ウイン・ウイン・マトリックスというシンプルな枠組みを作ってみました（左ページ上図）。具体的なメリット、デメリットや、デメリットの解決法を書き込んで

	カスタマー視点	ビジネス視点
メリット		
デメリット		
デメリットの解決法		

ウイン・ウイン・マトリックスで、サブスクリプション事業のコンセプトを検証してみよう

いくことで、訴求力のあるビジネスコンセプトかを検証します。

カスタマー視点からも、ビジネス視点からも、「これはいいね」と思えるような「メリット」を明確にイメージできれば、そのサブスクリプション事業が成功する可能性は上がるでしょう。デメリットもあえてしっかり洗い出しましょう。解決方法が見つかれば、それはデメリットではなくなります。現在サブスクリプション事業を計画されている企業や、今後一層の成長を目指している企業は、ウイン・ウイン・マトリックスを使って、カスタマー・ビジネス双方の視点で事業の訴求力を検証してみてはいかがでしょうか。

要点2● 適切な料金、どう決める？

素晴らしい価値と顧客体験を提供するには

「素晴らしい価値」と「素晴らしい顧客体験」をいかに提供するか。サービス設計実務で使える「コア・バリュー・プロポジション（ＣＶＰ）」などを解説する。

本節のテーマはサブスクリプション事業を成功に導くためのサービス設計です。素晴らしい価値を提供するために、サービス設計の実務で使える「コア・バリュー・プロポジション（ＣＶＰ）」という枠組みと、価値・経験を継続的に高め、お客さまの信頼を獲得するための仕組みについて書きます。プライシング（料金設定）やモノのロジスティクス（モノの流れとその計画・管理）など、サービス設計上で重要かつ難しい点についても考えます。

コア・バリュー・プロポジションとは

最初にご紹介するＣＶＰは「顧客に提供する価値の核心」と言い換えることができます。Ｃ

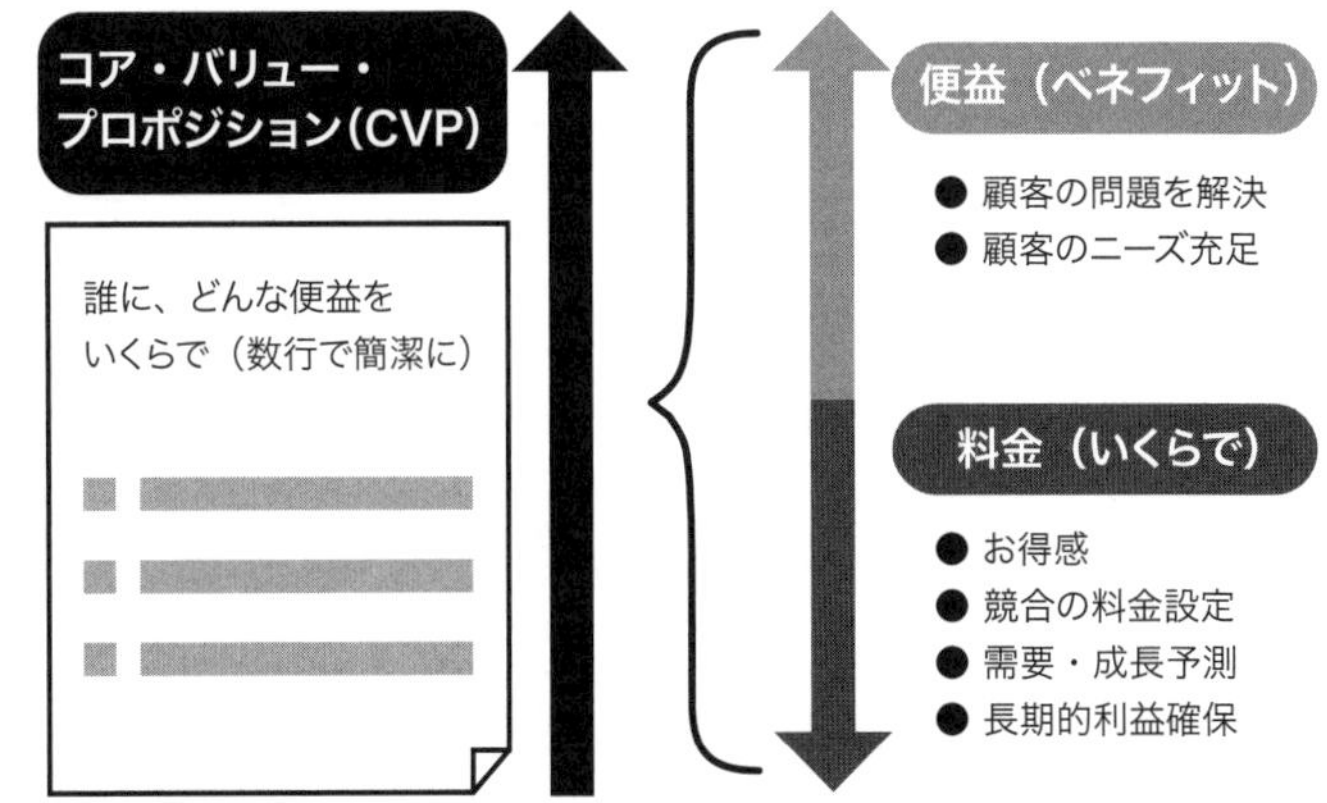

誰に、どのような便益を、いくらで提供するかを基に、コア・バリュー・プロポジション（CVP）を簡潔に書こう

ＶＰは私がマーケティングを仕事とするようになってから、20年以上ずっと大切にしてきた考え方で、現在もクライアントとサービスの訴求力を検証するのに役立っています。

具体的には、サービスの価値を簡潔に、数行の文章で人に説明してみてください。ＣＶＰに大切な要素は、誰（対象となるお客さま）に、どのような便益（ベネフィット）を、いくら（料金）で提供するかです。ＣＶＰを簡潔に、かつサービスの魅力が明確に伝わるように書くのは大変難しいので、じっくり考えてみてください。現実には、簡潔に価値を伝えられないと、お客さまには分かっていただけません。ＣＶＰを人に見せて「これはいいね！」「ワクワクするね！」「ぜひ使いたいね！」と言ってもらえれば、きっと素晴らしく価値のあるサービスを作ることができるでしょう。

マーケティング上のメッセージはCVPをそのまま使うのではなく、媒体の性格に応じて修正します。CVPはサブスクリプションに限らず、すべてのプロダクトやサービスを考えるときに使える枠組みです。

そのサービスはカスタマーの問題点を解決するか

価値の伝え方の具体例として、私が最近使い始めたメンズファッションのサブスクリプションサービス「Leeap（リープ）」を見てみましょう。毎月7800円（税別）でスタイリストがコーディネートした服をレンタルできます。サイトを訪れると、「スタイリストにおまかせ　楽しておしゃれに」「毎月スタイリストが選んだコーデが届く」と書いてあります。

私の悩みは、最近クローゼットが昔買った服でいっぱいになっていることです。新しい服を取り入れたいのですが、ショッピングに時間をかけるのは好きではなく、色・デザインなどが似た服を繰り返し買ってしまう傾向もあります。私には、スタイリストが毎月おしゃれな服を選んでくれて、7800円でいろいろな服を着られるというのはとても魅力的に聞こえます。

Leeapは私の問題点に、解決策とそれに伴う便益をおトクな料金で提供することで、私に「使いたい」と思わせることに成功したわけです。もし既にあなたが何かのサブスクリプションを利用していたら、その会社があなたに「使いたい」と思わせた要因が何か分析してみてください。

素晴らしい価値と体験を継続的に提供する

サブスクリプション事業は継続的であるため、「素晴らしい価値を継続的に提供すること」が重要です。そして、「素晴らしい体験を、さまざまな場面で提供すること」が重要となります。さまざまな場面とは、サブスクリプションへの入会、利用、更新などを行う場所と時間を指しています。「素晴らしいカスタマージャーニーをデザインすること」と言い換えることもできます。

デジタルサービスであれば、顧客体験（カスタマーエクスペリエンス、以下CX）はウェブやモバイルでほぼ完結しますが、物が絡むサービスでは、ウェブ、配送、ショップ、レンタル拠点など、さまざまな場所（以下タッチポイント）でサービスが提供されます。サブスクリプションのCX改善を考えるには、タッチポイント（点）ごとに考える視点だけでは不十分です。

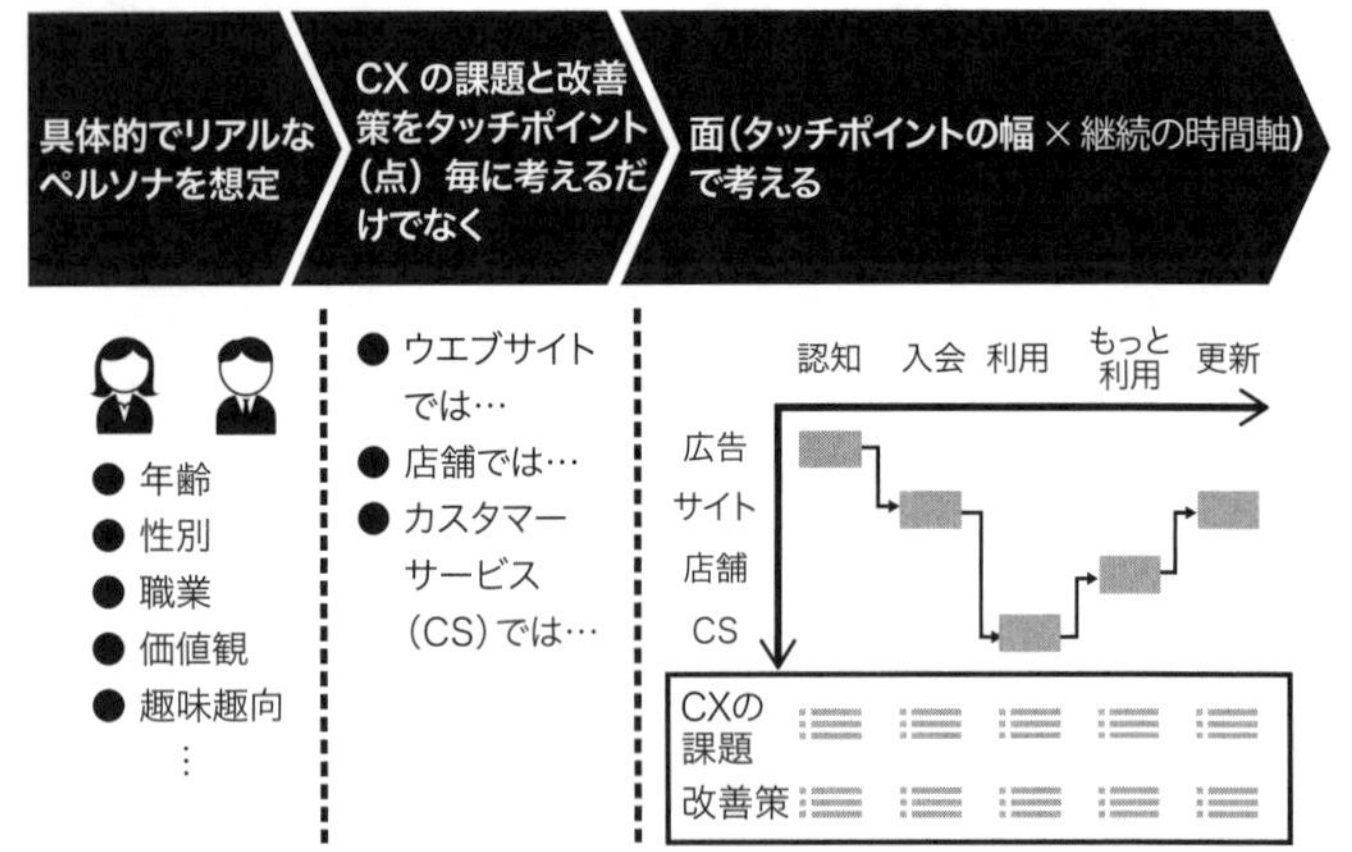

素晴らしい価値を継続的に、さまざまな場面で提供できるか、カスタマージャーニーマップで考えよう

さまざまなタッチポイントからなる、幅のある顧客向け窓口を通じた、入会・利用・更新といった継続的な利用を考慮し、幅×時系列の「面」でCXの改善点洗い出しと施策立案を行うことが必要です。

サービスの提供側から見ると、それぞれのタッチポイントの担当者が異なり連携が簡単ではないのですが、カスタマーにとっては関係ありません。1カ所で残念な経験をしてしまうと、サービスへの満足度が下がったり、退会につながってしまったり、ということになりかねません。常にカスタマーの目線で、すべての場面において「素晴らしい体験」を提供できているか、注意することが必要です。

そのためにできることは、具体的にどのような体験を提供したいかの方針（例：楽しい、分かりやすい、簡単、親切など）を決め、継続的にサービスを改善するプロセスを作ることです。その1つの方法として、カスタマージャーニーマップを作ってみるのも有効です。できるだけ具体的でリアルなペルソナ（人物像）を想定し、実際にカスタマーの目線で考え、使ってみて、改善点を洗い出し、施策を立案します。

料金設定で考慮したい4つのポイント

サブスクリプションの特徴として、プライシング（料金設定）が大変難しいという点があります。その理由は、サブスクリプションが継続的であるため、一旦決めた料金を頻繁に変えると顧客の信頼を損なってしまうからです。値上げする場合は、新しい顧客からは「先月入った人は私より低い料金を払っていた」と思われます。既存客の料金を変えるには、契約期間終了まで待つか、合意を得る必要があります。

プライシングで考慮したい点は、

（1）カスタマーが納得できるようなお得感があるか（CVPと密接に関わります）

（2）競合するサービスの料金設定はどうなっているか
（3）その料金でどのくらいの需要・成長が予測できるか
（4）事業の長期的利益が確保できるか

などです。

（3）と（4）については、事業の開始前には十分なデータがないので、（1）（2）や既存事業からの知見を基に推定するしかありません。成長を重視するなら低い料金設定をすることになりますが、利益の確保が難しくなる可能性が高まります。プライシングを誤ると、事業の存続に関わります。

ここでカスタマー視点から、（1）と（2）について考えてみましょう。サブスクリプションという約束をするに当たり、多くのカスタマーは「自分はこのサービスを使うことで得をするのかどうか」を考えるでしょう。例えば、月3980円（税別）でWi-Fi、電源があるカフェでコーヒーが飲み放題となる「ゼロカフェ」というサービスがあります。このサービスを知ったとき、私が最初に考えたのは、自分がコーヒーに月いくらぐらい使っているかです。

私の場合、平日に平均2回程度、月に40回程度コーヒーを買うので、オフィスの近くに「ゼロカフェ」対象店舗があれば、一杯約100円という計算になり、かなりお得になりそうです。もし同様のコーヒー飲み放題のサービスがあれば、価格を比較検討するでしょう。「このサービスが一番お得だ」と多くの顧客が思ってくれる料金設定であれば、事業の成長につながります。

一方、供給側からは、サービスを継続していく以上、長期的に利益を生み出すことも極めて大切です。長期的利益を考えるうえでは、LTV（顧客生涯価値）という考え方がとても大切になってきます。LTVの概念は、次節と次々節でより詳しく説明します。

モノのサブスクリプションに必要な考慮

モノのサブスクリプションを設計するには、ロジスティックス（モノの流れとその計画・管理）への考慮が必要です。デジタルであれば、在庫を気にする必要がないのですが、モノのサブスクリプションの場合は、「欲しいものが必要なときに使えるか」が課題となります。カスタマーを「お断り」するのは機会損失だけでなく、イメージや満足度の低下につながりかねないため、需要が増えても対応できる仕組みがあることが望まれます。

モノのサブスクリプションサービスでは、この点が課題になり、撤退や会員募集停止につながっているとみられる例が最近増えてきました。一方、先ほどご紹介したLeeapは、コーディネートした服の内容がスタイリスト任せとなっており、カスタマーが色やブランドなどの指定をできないことになっています。在庫を最大限活用しつつ、ロジスティクスを回す仕組みを作ろうとしているようです。

人気のブランド腕時計を月額制でレンタルできる「KARITOKE（カリトケ）」は、シェアに軸足を置いた興味深いビジネスモデルを採用しています。KARITOKEはブランド腕時計を持っている人が時計を貸し出す「KASHITOKE（カシトケ）」というサービスを通じ、供給側の仕組みを用意しています（46ページ参照）。

要点3● KGI、KPIはどう立てる？

長期的成長を実現するために

サービス設計の次は、成長に必要なKGI（Key Goal Indicator＝重要目標達成指標）、KPI（Key Performance Indicator＝重要業績評価指標）の立て方を学ぼう。

前述の通り、サブスクリプション事業の成功の鍵は、継続的な利用を約束してくれるカスタマーを多く獲得・維持し、その期待を上回ることです。ここではそれが実行できているかどうかを評価するための、KPIの立て方と、KPIを用いて長期的成長を実現する仕組みについて書きます。広く使われているKGI、KPIの枠組みに沿って説明し、サブスクリプション事業にとって重要なKPIであるLTV（Life Time Value＝顧客生涯価値）についても解説します。

ここではKGIを単純化し、多くのビジネスにとって重要な目標の1つである利益額がKGIであると考えます。例えば○年後の利益を○億円にする、といった目標になります。これを前提に、ビジネスを成長させ、利益を生み出すためのKPIを考えてみましょう。

インプットKPIとアウトプットKPI

　KPIを設定する方法はさまざまですが、その中でも重要なことは、インプットKPIとアウトプットKPIとの区別を意識することだと私は考えています。インプットKPIは、目標達成につながる施策が取れているかを直接表す指標で、アウトプットKPIは、さまざまな施策を取った結果を表す指標です。

　サブスクリプション事業を構築するうえで考えたい最も重要なアウトプットKPIの中に、総顧客数と顧客生涯価値があります。顧客生涯価値とは、1人の顧客が「ある特定のサービスの顧客である間（＝Life Time)」にもたらす価値（＝Value）の合計です。例えば典型的なサブスクリプションであれば、会員登録から退会までの間に、そのサービスを提供する企業にもたらす利益額となります。単純化すると、総顧客数が増え、顧客生涯価値が増えれば、ビジネス全体の価値はその掛け算で大きくなっていきます。

　次のステップとして、アウトプットである総顧客数や顧客生涯価値の成長につながるインプットKPIを立てていきます。KPIの立て方の解説記事で、ロジックツリーを作成し、KPI

のA、B、C……の掛け算・足し算でKGIを達成する、という説明をよく目にします。私の経験からは、この手法を単純に使いすぎると、数式上は合っていても具体的な施策やビジネスの成長につながるKPIに必ずしもなりません。

私は良いKPIの条件として、それが表すものが、

（1）ビジネスの重要な成長要因であること
（2）アクショナブルである（KPI向上のため具体的な施策を取れる）こと
（3）顧客体験の向上につながること
（4）具体的で定量的に評価できること

があると考えています。もう少し詳しく見ていきましょう。

ビジネスの成長につながるインプットKPIの条件

（1）ビジネスの成長要因であることとは、アウトプットKPIに代表されるビジネスの目

標と因果関係があることです。例えば、会員に幅広いサービスを提供するサブスクリプションがあったとしましょう。（A）顧客1人が利用するサービス数と、（B）顧客1人当たり購入金額の間に統計上の強い相関関係があり、さらに（A）が上がる結果として（B）が上がる、というビジネス上の因果関係があるとすれば、「顧客1人当たり利用サービス数」は良いインプットKPIになる可能性大です。

（2）の「アクショナブル」の意味は、そのKPIの向上のために具体的な施策（アクション）を取ることができ、KPIが自社の努力でコントロールできることです。例えば、顧客の継続率（リテンション率）は、サブスクリプション事業の成長にとって重要な要素です。継続率は、サービス利用を促すプロモーションなどの施策でコントロールすることができて、初めてKPIとして意味を持ちます。継続するか否かの顧客行動に影響を与えられなければ、数値を測定してもビジネスの成長にはつながりません。

（4）の「具体的で定量的に評価できること」はKPIなのだから当たり前だと考えられるかもしれません。ただし、（3）顧客体験の向上と（4）を同時に満たすもの、となると、そう簡単ではありません。

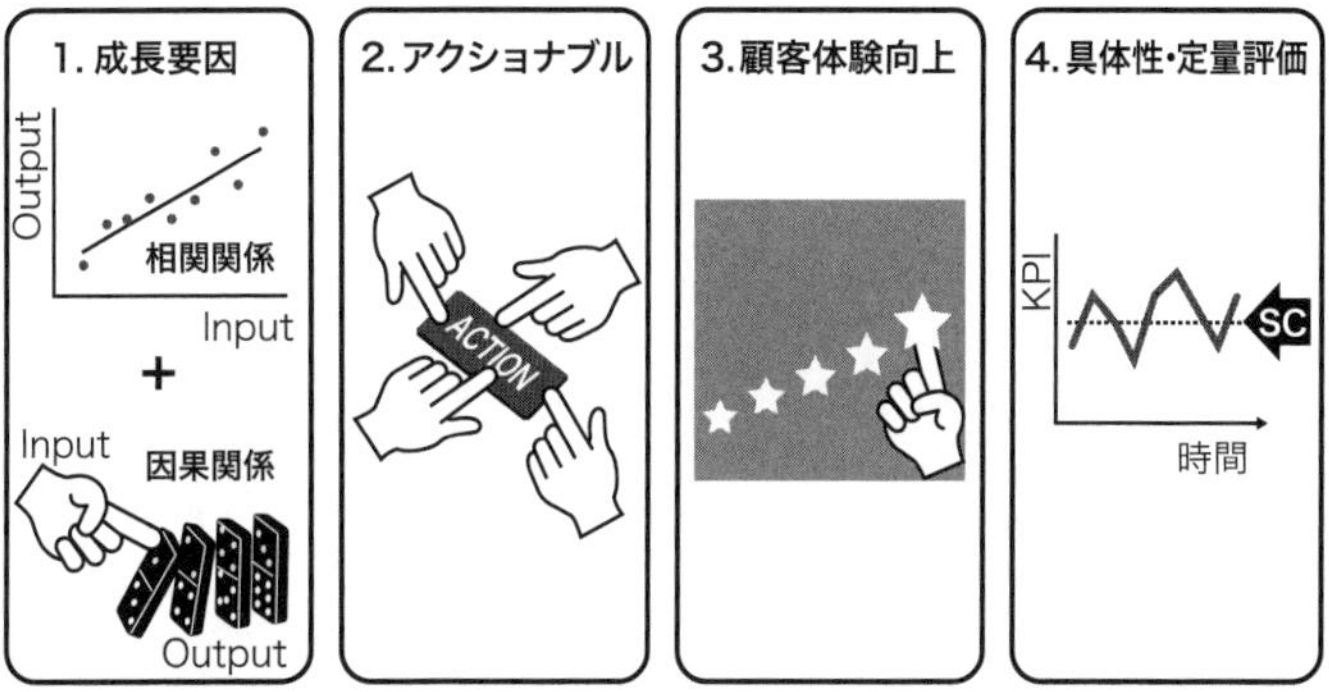

ビジネスの成長につながるインプットKPI の条件

前節で、コーヒー飲み放題のサブスクリプションを紹介しました。都会のビジネスパーソンを対象とする同様のサービスがあるとしましょう。多くの店で飲み放題のコーヒーが提供されることが必要ですが、契約コーヒー店の数は具体的で定量的に評価はできても、ＫＰＩとしては不十分だと考えられます。誰も行かない場所で、たまに午後だけ開いているコーヒー店がいくら増えても、良い顧客体験にはつながらないからです。

「ターミナル駅から徒歩3分以内で行ける、毎日朝8時には開いている契約コーヒー店の数」をＫＰＩとした場合はどうでしょうか。その数値を継続的に増やすことができれば、利用者が増えてビジネスは成長するでしょう。

インプットKPIは、新規顧客獲得、顧客深耕（クロスセル、アップセル）、顧客維持などのさまざまな局面について考える必要があります。

さらに、KPI設定時に忘れてはいけないことは、成功の指標（Success Criteria＝SC）を決めておくことです。「達成したらその施策は成功」といえる基準です。SC設定方法の典型的な例は、新規顧客の獲得コスト（Cost per Acquisition＝CPA）の成功の指標を、事業の長期的利益を確保できる水準にすることです。目標CPAと顧客生涯価値については次節で議論します。

重視したいアウトプットKPIは？

顧客生涯価値に加えて、アウトプットKPIとして継続評価したいものに、顧客満足度や顧客ロイヤルティー指標があります。顧客満足度の評価の手法としては5段階や4段階の満足度評価、顧客ロイヤルティーの評価手法としては、「他人への推奨度」を数値化する指標などがあります。数値そのものを過度に重視するよりも、定点観測による時系列比較や、同一業界内での横比較を試みましょう。

アウトプットＫＰＩでも、アクショナブルであることは大切です。私がお薦めするのは、単に数字を測定するだけでなく、「『満足』や『不満』と回答をしたのはなぜか」「他人への推奨度をその数字にしたのはなぜか」といった質問を自由回答形式で聞くことです。時系列比較・業界内横比較と組み合わせることで、取るべき施策が明確になる可能性が確実に高まります。

オンラインや質問票でも調査はできますが、インタビュー形式で深掘りすると時に、顧客のニーズや問題点に関するハッとするような発見があります。こうした発見を基に、ニーズや問題点に対処することができ、顧客満足度や顧客ロイヤルティー指標がアクショナブルになります。

ＫＰＩを用いて長期的成長を実現する仕組み作り

アクショナブルであることの重要性を繰り返したのは、成長につながる施策（＝アクション）を見いだし、実行する継続的な仕組みを作ることが、サブスクリプション事業の成功にとって極めて重要だからです。この仕組みには、以下の重要なステップが含まれています。一般的にＰＤＣＡという枠組みがよく使われていますが、サブスクリプション事業を念頭に一歩深掘りしましょう。

(1) 仮説設定

何をしたら事業の長期的成長につながるか、仮説を設定します。仮説の基になるものは、データ・分析や、お客さまの声、経験に基づく知見などです。完璧なプランは目指さず、スピードを重視することが大切です。

(2) テスト

仮説を検証するためのテストを実施します。検証するためにはデータが必要なので、最初から「結果を計測できるように」テストを設計します。テストの具体例として、先ほど述べた、「施策と結果の因果関係」を検証することを目的としたA／Bテストが挙げられます。

(3) 計測・分析

テストの結果を計測・分析し、成功の指標（SC）と比較します。結果がSC以上、または改善しているときには、成功要因を探り、さらに大きな結果を出すための施策を立案します。例えば、成功した施策の関連分野への横展開などです。結果がSC未満、または悪化しているときには、問題点を追及して解決策を見いだします。

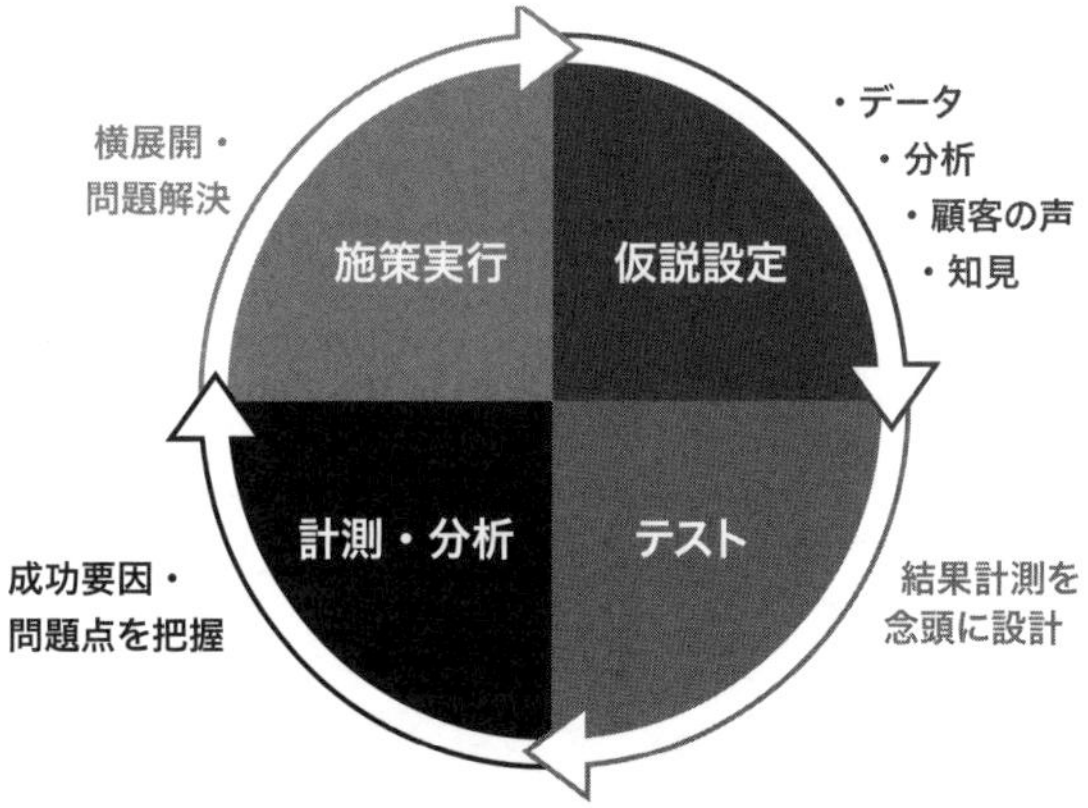

KPIで長期的成長を実現する仕組み

（4）施策の実行

横展開した施策や、問題点の解決策を実行します。

（1）〜（4）のステップを継続する仕組みができれば、ＫＰＩがアクショナブルとなり、サブスクリプション事業の長期的な成長に一歩一歩近づくことができます。

次節では、本節で述べてきたＫＰＩを念頭に、サブスクリプションの投資対効果（ＲＯＩ）について考えます。

要点4● マーケ予算はどれだけかけるべきか

投資対効果の考え方を学ぶ

サブスクリプションの投資対効果はいかに考えるべきか。CPA（Cost per Acquisition＝顧客獲得単価）に加え、サービス自体の魅力が大切になる。

ＫＰＩの考え方を念頭に、本節ではサブスクリプションの投資対効果について考えてみましょう。重要なアウトプットＫＰＩ（Key Performance Indicator＝重要業績評価指標）の１つにＲＯＩ（Return on Investment＝投資利益率）があります。ＲＯＩを考慮してマーケティング投資の意思決定をすることで、事業を成長させ、継続的に利益を上げていくことができます。サブスクリプション事業で心がけたいのは、ＲＯＩを考えるに当たり、マーケティングマネーを文字通り「投資」と位置付け、短期的な回収よりも、長期的な事業の構築を考えることです。

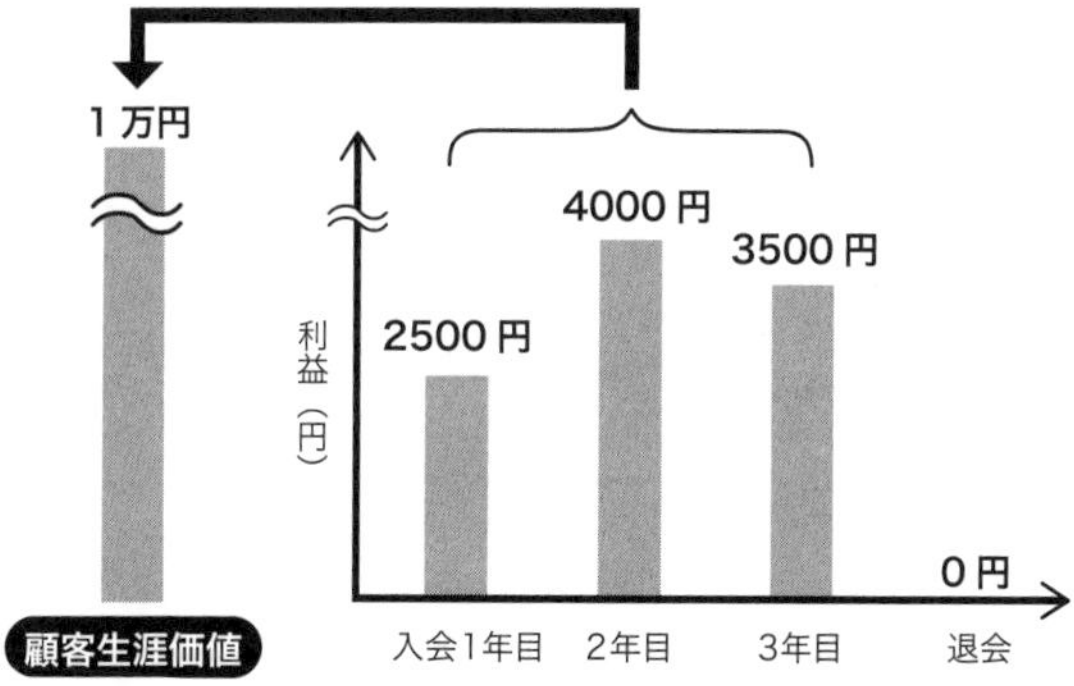

顧客生涯価値（Life Time Value）とは

3年間の顧客生涯価値は、合計値の1万円と計算できる

顧客生涯価値を考慮したROI評価

顧客獲得単価をいかに低くするか、日々頭を悩ませているマーケティング担当者の皆様も多いことでしょう。サブスクリプション会員を獲得する場合、LTVが分かっていれば、より積極的なマーケティング運用を財務面から理由付けることができます。

LTVは、顧客が生涯（サービスの利用期間中）に企業にもたらす価値の合計を言います。価値は通常、利益額の合計で表わします。例えば、顧客が平均で3年間サービスを利用し、入会して1年目、2年目、3年目の利益が順に2500円、4000円、3500円になるとします。3年間の顧客生涯価値は、合計値の1万

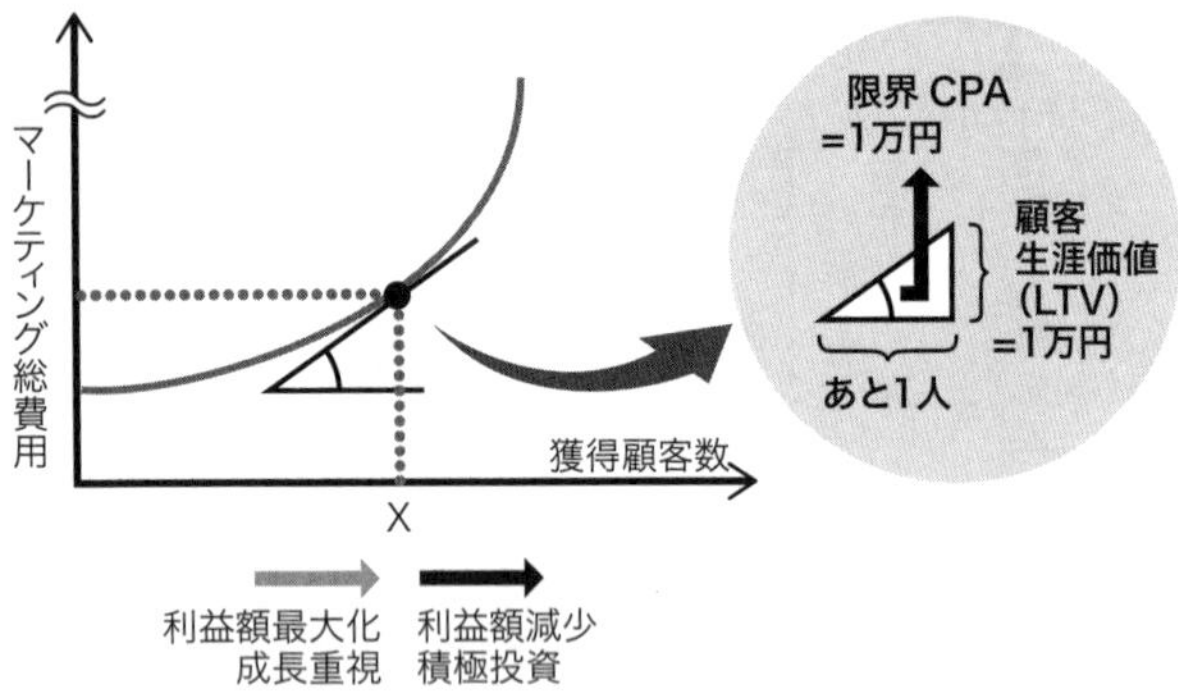

マーケティング投資の判断基準

曲線のグラフに接する黒い線の角度が、「新規顧客をあと 1 人獲得するのに必要なマーケティング費用＝限界 CPA」になる

円となります。ここでは顧客獲得マーケティングにいくら使えるかを考えるため、利益はマーケティング費用を差し引く前の数字を使います。

短期で回収しようとすると、多くのマーケティング費用を使うことができませんが、3年間の顧客生涯価値を考えると、積極的にさまざまな施策を打つことが可能になります。前記の例を使うと、理論上は、新規顧客をあと1人獲得するのに、追加で9999円までのマーケティング費用をかけても、3年間では顧客当たりの利益がプラスとなります。

上図の灰色の曲線は、獲得顧客数とマーケティング総費用の一般的な関係を示したグラフです。顧客獲得を効率的な方法から順番に行っていくと、多くの顧客を獲得しようとするほどＣＰＡ（Cost Per Acquisition＝顧客獲得単価）が上がっていきます。灰色のグラフに接する黒い線の角度が、「新規顧客をあと１人獲得するのに必要なマーケティング費用＝限界ＣＰＡ」になります。

成功の指標を「限界ＣＰＡ＝ＬＴＶ」として利益額を最大化する

利益額を最大化し、長期的な事業の成長を重視するなら、ここでのマーケティング投資上の判断は、限界ＣＰＡ＝１万円となるまで投資することとなります。この場合、施策が計算通りの結果を出せれば、顧客獲得数はＸとなります。限界ＣＰＡの目標を１万円以上としてさらに積極的な投資をすることもできますが、顧客によっては３年間で損失が出るので、利益額は減少します。事業の成長や利益額よりも利益率を優先するなら、限界ＣＰＡの目標を１万円より低く設定するという判断も出てきます。

これまで見てきたように、顧客生涯価値はサブスクリプション事業のマーケティングの鍵を握る重要なＫＰＩなのですが、その正確な評価は簡単ではありません。顧客生涯価値の評価を難しくする理由はいくつもあります。例えば（１）サブスクリプションサービスの開始当初はその数字の根拠となるデータが存在しないこと、（2）今後のマーケティング施策により数字が変わってくること、が挙げられます。

（3）獲得するチャネル（例：デジタルマーケティングとオフラインイベントからの獲得）によって顧客の質と生涯価値が異なることが多いことも意識しておきたい点です。さらに、（4）サブスクリプションでない既存の事業がある場合に、既存顧客がサブスクリプションに移行することによるカニバリゼーション（共食い）が発生し、既存の事業にマイナスの影響が出る可能性があることも注意したい点です。

（4）の参考になる例として、194ページ「AOKIスーツレンタル半年で撤退、4つの想定外」があります。このような場合、カニバリゼーションによるマイナス分を差し引いた、利益の純増分を基に顧客生涯価値を計算するのが望ましい方法です。現実的な運用方法としては、目標CPAを設定する際に、既存のデータを最大限利用して顧客生涯価値を推定し、前記のようなリスク要因を加味して、「推定LTVの○○%掛け」を成功の指標とし、定期的に数字を見直すのが1つの方法でしょう。

CPAをKPIの1つに位置付け、成功の指標(Success Criteria)を「限界CPA＝LTV」として目標設定をしてみましょう。前節で説明した仮説設定に始まるサイクルを繰り返すことで、長期的に事業の価値を高める仕組みを作ることができます。サブスクリプション事業の成長を実現するには、目標ＣＰＡ以内で、スケーラブルに顧客を獲得することが重要です。

スケーラブルとは、「規模＝スケールを大きくすることができる」という意味ですが、この文脈では、「良い結果が出たマーケティングプログラムを、横展開して大きな結果を出すことができる」ことです。そのためには、プログラムを仕組み化し、テクノロジーで自動化することが望まれます。

仮設↕検証プロセスの繰り返しが成長の鍵

「良い結果が出て、かつスケーラブル」なプログラムは簡単には見つかりません。データを基に仮説を立て、テストを実施し、結果を分析し、改善するというプロセスを繰り返すことが肝要です。この過程を回していく中では、失敗もたくさん出てくるでしょう。しっかりとした仮説を立ててテストを続け、データに基づき検証を重ねることができれば、金の鉱脈もきっと見つかるでしょう。金の鉱脈が見つかったら、手で掘っていたプロセスを自動化し、テクノロジーで置き換えることを考えてみましょう。低コスト・高効率で継続的に大きな結果を出すことが可能となります。

サブスクリプションの事業モデルを採用することだけで、魔法のように事業の課題が解決できるわけではありません。サブスクリプション事業で成長することができるのは、前述のように一見地味なプロセスを着実に回していくことができる企業だと私は考えています。

このようなプロセスを実現するためには、経営者やビジネスリーダーの意識やリーダーシップ、アナリストやデータサイエンティストの能力、自動化やそれに伴うＡＩ導入のためのエンジニアのリソースなども必要です。

サービス自体の価値を高めるための投資判断

顧客獲得マーケティングを例にＲＯＩの話をしてきましたが、最も強力なマーケティングツールはサービス自体の魅力であることを忘れてはいけません。マーケティング投資を広く捉え、マーケティング媒体への投資だけでなく、サービスの価値を高めるための投資が不可欠です。投資の対象はサブスクリプション事業の内容によって大きく異なりますが、重要なのは、投資の結果、カスタマーの期待を上回るような価値と体験を実現することです。

例えば、コーヒーメーカーやビールサーバーを利用するサブスクリプションであれば、飲み物にこだわるカスタマーをうならせるような品質・機能を持つ機器の開発・提供が鍵となります。リアルな店舗やロケーションで提供するサービス（飲食やカーレンタルなど）であればロケーションのネットワーク構築が投資の対象となるでしょう。デジタルであればソフトウエアや映画・音楽などコンテンツへの投資が不可欠です。

サービスの価値を高めるための投資は、顧客獲得マーケティングの場合と異なり、事業レベルでＲＯＩを考える必要があります。企業によって判断基準が異なりますが、例えば正味現在価値（Net Present Value）の枠組みを使い、今後数年間を見据えた投資の判断をするのがよいでしょう。

次節では今まで繰り返し述べてきた「カスタマー視点で素晴らしい価値と顧客体験を提供する」ことを徹底するにはどうしたらよいか、その仕組み作りを考えます。今後どのようなサブスクリプション事業の可能性が考えられるかも、カスタマー視点とビジネス視点で考えてみたいと思います。

要点5● 新たな種をどう見つけ、育てるか

Ｗｏｗ！を生む、徹底的なカスタマー視点の維持

今後のサブスクリプション事業の可能性を、食、仕事、娯楽などさまざまな分野で具体的に考察する。根底に置くのは、徹底的なカスタマー視点の維持だ。

今後どのようなサブスクリプション事業の可能性があるかを考えてみましょう。そしてここまでの話を総括し、カスタマー視点を徹底して維持するためにはどうしたらよいか、私の経験を踏まえて書きたいと思います。

ここまでサブスクリプション事業で成功するための視点というテーマで解説してきました。継続性という本質から、サブスクリプション事業の構築には、さまざまな特別な考慮が必要です。しかしながら、サブスクリプションは、顧客に素晴らしい価値を提供する1つの手段にすぎません。お客さまをワクワクさせ、すごい！Ｗｏｗ！と言ってもらえるようなサービスを提供することが大切であることは、すべてのビジネスに共通することだと私は考えています。

テクノロジーは価値や体験を高める手段

素晴らしい体験を提供するために、今後ますます重要性が増すと思われるのが、ＩｏＴ（モノのインターネット）やＡＩ（人工知能）などのテクノロジーです。

例えば、私が最近使い始めたサブスクリプションサービスで最も役立っているものの1つはアプリ「Sleep Cycle スマートアラーム目覚まし時計」です。私自身、朝起きるのが苦手という問題があり、仕事の生産性に大きく影響する睡眠を効果的にとりたいというニーズを持っていました。そこで「すっきりとした気分のよい目覚めをいつでも時間どおりに」というコピーに引かれ、Sleep Cycle の有料サービスに加入しました。データから、食事やコーヒーを遅い時間にとったときは「快眠度」が低く、適度に歩いた日には高いことが分かり、生活を改善することで快眠度を上げることができました。私にとっては「すごい！」と感じるサービスです。

テクノロジーを使った新しいサービスの考え方としては「カスタマーのニーズや問題点を解決し、素晴らしい価値と体験を提供してくれるサブスクリプション事業の構築に、どうテクノロジーを生かすことができるか」というアプローチがよいと思います。

ＡＩの活用を考えるなら、ＡＩを使うこと自体を目的にするのではなく、例えば「機械学習で何ができるか」の理解を前提に、価値や体験をどう高めることができるのかを考えるのがよいでしょう。顧客やビジネスの状況を把握し、予測し、分類し、最適化し、エラーを発見し、あるいはリコメンドすることを通じて応えることができる、カスタマーの継続的なニーズにはどんなものがあるでしょうか？　最新のテクノロジーを活用し、サブスクリプション事業で今までにないような顧客体験を提供する方法は無限にあると言ってもよいでしょう。

問題点を解決する新しい切り口を見つける

例えば、新しいサブスクリプション事業を考える切り口として、私たちの生活にとって重要な、継続性のあることを考えてみましょう。私なら衣食住・仕事・趣味・娯楽といったものが思い浮かびます。

食ならどんな問題点やニーズがあるでしょうか。私のまわりの人と話をすると、「ランチをとれる場所を開拓したいが、忙しいので行く店が偏ってしまう」という話をよく聞きます。私自身は、栄養のバランスが気になります。さまざまな店のランチに行き放題のサブスクリプションがあって、私の行動範囲・履歴やフィードバックを考慮してリコメンドし、料理がおいしいだけでなく栄養が偏らないよう食のアドバイスもしてくれたら、私ならぜひ使いたいと思うでしょう。

仕事ならどうでしょうか。営業職などで、都内での移動が多いビジネスパーソンは、タクシーで移動したら時間を効率的に使えるとは分かっていても、頻繁にタクシーを利用しているとかなりの金額になってしまいます。時間を節約するために乗ったら、渋滞にはまって逆効果ということもあります。23区内でさまざまな会社のタクシーが乗り放題となり、ＧＰＳの位置情報や渋滞情報を基に効率的な移動方法を提案してくれるサービスがあったら、ビジネスパーソンの移動効率の向上と、タクシーの空車率低減を同時に実現できるかもしれません。

娯楽ならどうでしょう。私はジャズ、クラシック、ポップスなど、さまざまなジャンルの音楽イベントやコンサートに行きます。チケット代は安くないので同じアーティストのイベントに偏ってしまいます。予約日を見過ごしてしまうのも悩みです。音楽イベントに行き放題のサブスクリプションを提供し、ＡＩによるリコメンドやタイムリーなモバイルアラートを駆使することで、素晴らしい顧客体験を提供できる可能性がありそうです。いろいろなアーティスト

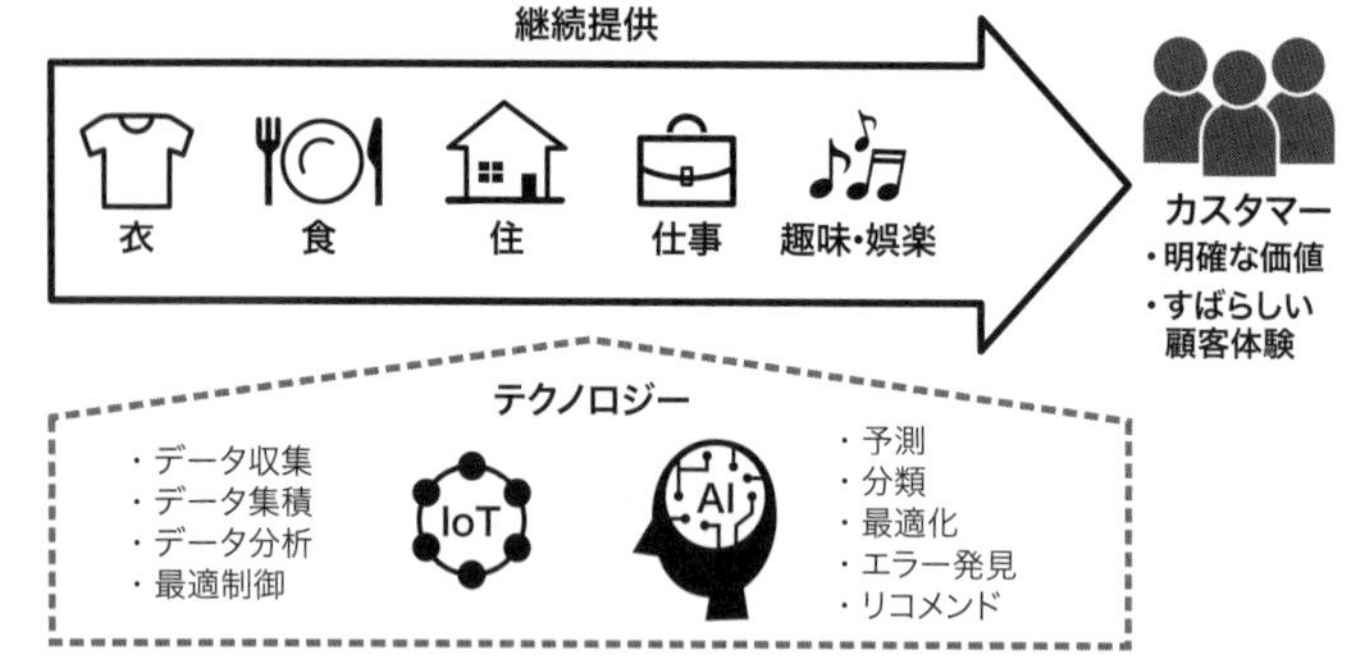

今後のBtoCサブスクリプションの可能性

を知りたいがチケット代が気になるというユーザーと、多くの音楽ファンに知ってほしいがなかなかうまくいかないというアーティスト、チケットが売れ残ってしまうという興行側の問題点を、一気に解決できるサービスを構築できるかもしれません。

CXの継続的な検証を仕組み化する

ここまで、カスタマー視点で考えるさまざまな仕組みをご提案してきました。具体的には、コア・バリュー・プロポジションの考え方、顧客体験を重視したKPIと運用の仕組み、カスタマーのニーズや問題点を出発点とする新規事業のコンセプト作りなどです。

カスタマーに明確な価値を提供できると確信が持てるサービス・商品設計ができ、ローンチすることができたら、引き続きカスタマーからのフィードバックをもらいましょう。ネットや対面で顧客調査をするのもよいのですが、サイト上やアプリストアでのレビューや、カスタマーサービスへのコンタクトなど、情報源はたくさんあります。情報は活用しないと価値が生まれません。顧客の声に意識的に耳を傾け、施策を取り、継続的にサービスを改善していくことが必要です。

加えて、事業を運営する立場の担当者やビジネスリーダーが、自らカスタマーとして利用し検証する、というプロセスを作ることをお勧めします。前述した、カスタマージャーニーマップを思考のツールとして使うのもよいでしょう。このプロセスには、リサーチ会社も調査費用も不要です。自ら提供しているサービスのカスタマーエクスペリエンス（ＣＸ）を「知っているつもり」になってしまい、客観的かつ定期的に検証していない、という担当者は驚くほど多いのです。

なかでも、新規顧客のＣＸを定期的に試している、という人は少数派と言ってもよいでしょう。なぜなら自分はとうの昔に既存客になってしまったので、意識的に機会を作らないと新規顧客の体験はできないからです。サブスクリプション事業の成功の鍵の1つは会員数の増大にあるので、登録のＣＸには細心の注意を払うべきです。どのようなカスタマーエクスペリエンスを提供したいのか、ビジョンを具体的なＣＸの方針に落とし込み、その方針に合っているか

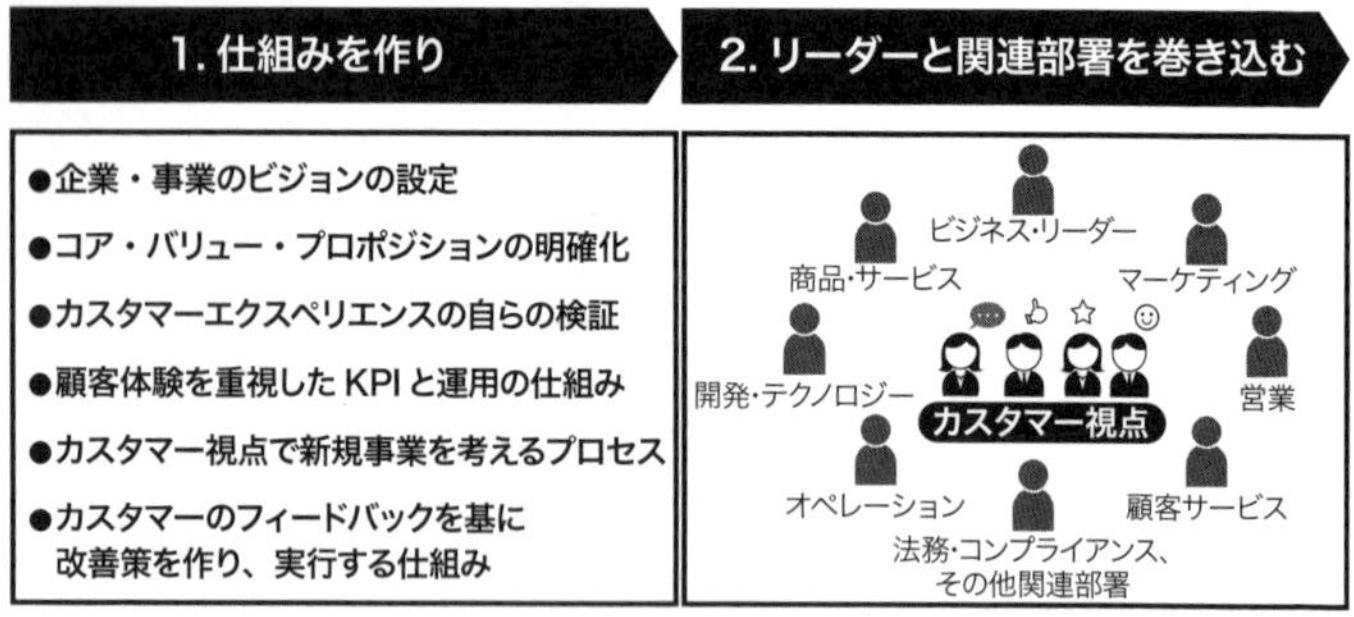

カスタマー視点を徹底的に維持する仕組み作り

を自らカスタマーとして検証します。問題点があれば改善策を考え、実行するというプロセスを作り、仕組み化するのです。

以上のような仕組みを効果的に運用するための鍵は、経営層を中心とするビジネスリーダーが旗を振ることです。企業や事業のビジョンにカスタマーの視点を取り入れることで、企業の文化は変わっていきます。サービス・商品の企画担当者やマーケティング担当者は自ら努力するだけでなく、テクノロジー、オペレーション、顧客サービスその他、関連部署を巻き込むことが重要です。さまざまな角度から改善を図れるだけでなく、カスタマー視点で考える、という意識づけを全社的にできるのが最大の効果と言ってもよいでしょう。

サブスクは素晴らしい価値を提供する大きな可能性を秘めている

サブスクリプションは、事業が直面する問題点を魔法のように解決する策ではありません。継続性がある故の固有の課題も存在し、どのようなサービスを提供するかによって、取るべき施策は大きく異なります。しかしながら、サブスクリプションは、カスタマーにとっても、企業にとっても素晴らしい価値を提供する大きな可能性を秘めています。私はサブスクリプションサービスを利用する日常のさまざまな場面で、暮らしが便利に、楽しく、豊かになったと感じています。そして、これからもワクワクするようなサブスクリプションサービスが世の中に出てくるのを楽しみにしています。

本書は「日経クロストレンド」で2018年9月～2019年4月に掲載したサブスクリプション関連記事を元に加筆・再編成したものです。肩書などは原則、取材当時のもの、19年5月22日時点で変更があった会社名やサービス内容など一部情報を更新しました。

日経クロストレンド

「新事業を創る人のデジタル戦略メディア」を編集コンセプトとして2018年4月に創刊した会員制有料オンラインメディア。テクノロジーがビジネス環境をどう変えるのか、そして、その先の消費トレンドはどう変わるのか、「デジタルで変わる企業と消費者の関係」を徹底的に取材し、マーケティング戦略立案の指針になる事例、新しいモノ作りでのデータ活用法、ビジネスパーソンが知っておくべき消費トレンド情報を提供している。

https://trend.nikkeibp.co.jp/

サブスクリプション2.0

衣食住すべてを飲み込む最新ビジネスモデル

2019年6月24日　第1版第1刷発行

編　者　日経クロストレンド
発行者　村上 広樹
発　行　日経BP
発　売　日経BPマーケティング
〒105-8308　東京都港区虎ノ門4-3-12
URL　https://www.nikkeibp.co.jp/books/
寄　稿　綷川 謙（特別講座編）
装　幀　三森 健太（JUNGLE）
制　作　アーティザンカンパニー株式会社
編　集　坂巻 正伸
印刷・製本　図書印刷株式会社

ISBN978-4-8222-8973-7